民法財産取得編人事編註釋
附　法例及諸法律

柿嵜欽吾
山田正賢 共著

明治廿三年出版

民法 財産取得編 人事編 註釋

附 法例及諸法律

日本立法資料全集 別巻 1219

信山社

圖書出版會社叢書

第貳回

民法財産取得編人事編註釋

附法例及諸法律

法學士柿嵜欽吾
山田正賢共著

大坂圖書出版會社藏版

大阪北濱於野正榮館石印

法學士　柿嵜欽吾
山田正賢　同著

民法財產取得編註釋

大坂
圖書出版會社發兌

自序

本書ハ一言以テ之ヲ蔽ワン曰ク俗解ナリト故ニ一般ノ人カ民法財産取得編及人事編ヲ讀ミ得テ一通リ各條項ノ意義ヲ解スルヿヲ得ハ本書ノ望足レリ法理ノ蘊奥ヲ穿鑿セントシタルニアラズ學生カ推敲ノ資ニ供セントシタルニラアス簡短平易一ニ世人ノ解シ易キヲ期ス若シ此書ヲ目シテ卑陋ト云ヒ淺鹵ト云フモノアラハ之未タ本書ノ何タルヲ知ラサルモノナリ水ハ方圓ノ器ニ從フト著書モ亦然リ其目的ニ依テ高尚、平易、優美、平凡緻密短簡定マル處ナシ穿鑿推敲ノ著豈ニ世俗一般ニ通用スルモノナランヤ珍器寶具之

ヲ愛翫スルハ善シ然レ𪜈之ヲ日用ノ具スルハ愚ナリ
讀者幸ニシテ本書ノ目的ヲ誤ラサルヲ得ハ著者望外
ノ望夫是ヲ諒セヨ一言以テ序文ニ代フ

明治廿三年十一月十日

法學士　柿﨑欽吾識

凡例

一本書ハ法例、財産取得篇、人事篇各條ノ意義及ヒ字句ヲ平易ニ解釋シタルモノナリ

一本書ハ各條文ノ鼇頭ニ熟字ノ畧註ヲ掲ケ條文及ヒ註釋ニハ傍訓ヲ加ヘ以テ何人ニモ了解シ易カラシメンコトヲ勗メタリ

一本書ハ理論ヲ以テ主トスルモノニアラス故ニ高尚ノ理論ヲ附セス只タ條文丈ヲ解シ得セシメントスルニアレハ條文ヲ復言シタルニ過キサルモノトス

一本書ノ附錄ニ增價競賣法。裁判上代位法。財産委棄法。非訟事件手續法等ヲ掲ケタリ

明治二十三年十一月

著者識

朕民法中財産取得編人事編ヲ裁可シ茲ニ之ヲ公布セシム此法律ハ明治二十六年一月一日ヨリ施行スヘキコトヲ命ス

御名御璽

明治二十三年十月六日

内閣總理大臣 伯爵 山縣有朋
内務大臣 伯爵 西鄕從道
司法大臣 伯爵 山田顯義
大藏大臣 伯爵 松方正義
陸軍大臣 伯爵 大山巖
遞信大臣 伯爵 後藤象二郞
外務大臣 子爵 靑木周藏
海軍大臣 子爵 樺山資紀
文部大臣 芳川顯正
農商務大臣 陸奥宗光

法律《はうりつ》第《だい》九十八號

民法《みんはう》財産《ざいさん》取得《しとく》編《へん》目錄《もくろく》

第十三章《しやう》　相續《そうぞく》

民法人事編目錄《みんはふじんじへんもくろく》

附錄目錄《ふろくもくろく》

二種《フタイロ》

民法財産取得編註釋《みんはうざいさんしとくへんちうしやく》

柿崎欽吾
山田正賢　同著

㊟本年三月民法中財産編《みんはうちうざいさんへん》、財産取得編《ざいさんしとくへん》、債權擔保編《さいけんたんほへん》、證據編《しようこへん》を公布《こうふ》せられしも人事篇《じんじへん》及び財産取得篇中《ざいさんしとくへんちう》の相續《さうぞく》、贈與《ぞうよ》、遺贈《いぞう》、夫婦《ふうふ》、財産《ざいさん》、契約等《けいやくとう》の部《ぶ》は公布《こうふ》せられさりしか今茲《いまこゝ》に法律《はふりつ》第九十八号を以て公布せられたり於茲乎民法を亦全しと云ふべし余《よ》は數月前著述《すげつぜんちよじゆつ》せし民法註《みんはうちう》釋《しやく》にならむ之れより今回公布《こんくわいこうふ》せられし民法《みんはう》の續篇《ぞくへん》を註釋《ちうしやく》すへし

第十三章《しやう》　相《さう》續《ぞく》

總《そう》則《そく》

㊟總則《さうそく》には本章全体《ほんしやうぜんたい》に通《つう》ずる規則《きそく》を定めさるものなり

第二百八十六條　相續《さうぞく》に二種《にしゆ》あり家督相續《かとくさうぞく》及ひ遺産相《いさんさう》續《ぞく》是《これ》なり

註本條は相續《さうぞく》に二種あるこヽを定めたるものなり

相續に家督相續《かとくさうぞく》と遺產相續《いさんさうぞく》との二あり家督相續のことは第一節に定め遺產相續のことは第二節《せつ》に定む

第一節《せつ》　家督相續《かとくさうぞく》

第二百八十七條　家督相續《かとくさうぞく》とは戶主《とし》の死亡《しばう》又は隱居《いんきよ》に因《よ》る相相《そうぞく》を謂《いゝ》ふ

註本條は家督相續の定義《ていぎ》を下したるものなり

家督相續《かとくさうぞく》とは戶主《とし》の死亡又は隱居《いんきよ》に因る相續を謂ふなり尙《なほ》は云《い》へば現戶主《げんこしゆ》たる人が死亡するか又は隱居するに因りて相續するをば家督相續と云ふなり

第一欵《かん》　家督續續《かとくさうぞく》の通則《つうそく》

註本款は家督相續に關《かん》する規則《きそく》即ち第一節全体《ぜんたい》に關する規則を定めたるものなり

第二百八十八條　家督《かとく》相續《さうぞく》を爲すは一家《いつか》一人《いちにん》に限《かぎ》る
何人《なにびと》と雖《いへど》も二家《にか》以上の家督《かとく》相續《そうぞく》を爲《な》すことを得す

註家督相續を爲すは一家一人に限るなり故に例令《たとへ》は甲《かう》の家に乙丙《おつへい》の二男《になん》あるとき甲死去若くは隱居するとも乙丙共に相續人となることを得す必ず一家一人に限るなり

何人と雖も二家以上の家督相續を爲すことを得さるなり故に甲一人にて乙丙二人の家の家督相續人となることを得す

第二百八十九條　婚姻《こんいん》又は養子《やうし》縁組《えんぐみ》に因り他家《たか》に入りて其家《そのいへ》に在る者は實家《じつか》其他《そのた》の家《いへ》の家督《かとく》相續《さうぞく》を爲すことを得す

註婚姻又は養子縁組に因り他家に入りて其家に在る者は實家其他の家の家督相續を爲すことを得さるものなり

本條は前條《ぜんじやう》に包含《はうがん》するものにして別に有用《いうよう》あるにあらす只人の疑《うたが》は

指定 サシツ
選定 エラム
撰擇 エラミトル
除斥 ノゾク

んことを恐《をそ》れて注意《ちゆうい》を與へたるまでのものなり

第二百九十條　一人にして數家《か》の家《か》督《とく》相《そう》續《ぞく》人《にん》に指《し》定《てい》せられ又は選《せん》定《てい》せられたる者は其《その》中《うち》の一を選《せん》擇《たく》することを得

註 一人にして數家の家督相續人に指定せられ又は選定せられたる者は其中の一を選擇することを得るなり

第二百九十一條　推《すい》定《てい》家《か》督《とく》相《そう》續《ぞく》人《にん》は他《た》家の家督《とく》相《そう》續《ぞく》人《にん》に指《し》定《てい》せられ又は選《せん》定《てい》せられたるも其《その》指《し》定《てい》又《また》は選《せん》定《てい》は無《む》效とす

註 推定家督相續人は他家の家督相續人に指定せられ又は選定せられたるも其指定又は選定は無効なり

第二百九十二條　被《ひ》相《そう》續《ぞく》人《にん》を死《し》に致《いた》し又は死《し》に致《いた》さんとしたる爲《た》め刑《けい》に處《しよ》せられたる者は相《そう》續《ぞく》より除《じよ》斥《せき》せ

過失《アヤマチ》
姓氏《ミヨウシ》
系統《タレノシソントイフガ如キ》
貴號《士族トカ又ハクワゾクトカイフゴウ》
系譜《ソノイヘノケイヅ》
世襲財産《子ト孫トニユヅルザイサン》

らる但《たゞし》過《か》失《しつ》に因《よ》るものは此限に在らす

㊟相續せらるゝ人を死に致し又は死に致さんとしたる爲め刑に處せられたる者は其人此相續人となることを得さるなり然れとも過失に出てたるものは此限にあらず

第二百九十三條　相續《そうぞく》除斥《じよせき》の訴權《そけん》は被《ひ》相續人《そうぞくにん》の明示《めいし》の宥免《いうめん》に因りて消滅《じようめつ》す

㊟相續をしりぞくるの訴權は相續せらるゝ人の明示の宥免に因りて消滅するなり

第二百九十四條　家督相續人《かとくそうぞくにん》は姓氏《せいし》、系統《けいとう》、貴號《きとう》及ひ一切《いつさい》の財産《ざいさん》を相續《そうぞく》して戸主《こしゆ》と爲る
系譜《けいふ》、世襲財産《せいしふざいさん》、祭具《さいぐ》、墓地《ぼち》、商號《しようごう》及ひ商標《しようひやう》は家督相續《かとくそうぞく》の特權《とくけん》を組成《そせい》す

㊟家督相續人は姓氏、統系、貴號及ひ一切の財産及相續して戸主とな

祭具 マツリノドウグ
商號 大丸トカ越後屋トカ云フヤウナ商家ノナマヘ
商標 アキナイノシルスタトヘバ大丸ノ(大)トイフカコトキモノ
組成 クミナス
順位 ジユンジヨ

るものなり

系譜、世襲財産、祭具、墓地、商号及ひ商標は家督相續の特權を組成するなり

第二欵《かん》 家督《かとく》相續人《そうぞくにん》の順位《じゆんい》

第二百九十五條 法律《はうりつ》に於て家督《かとく》相續人《そうぞくにん》と爲る可き者の順位《じゆんい》を定《さだ》むること左の如し

第一 被相續人《ひそうぞくにん》の家族《かぞく》たる卑屬親《ひぞくしん》中親等の最も近《ちか》き者

第二 卑屬親《ひぞくしん》中同親《どうしん》等の男子《なんし》と女子《じよし》と有ることきは男子《なんし》

第三 男子《なんし》數人《すにん》あるときは其先《そのせん》より生《う》まれたる者但《たゞし》嫡出子《ちやくしつし》と庶子《しよし》又は私生子《しせいし》と有るときは嫡出子《ちやくしつし》

第四 女子《じよし》のみ數人《すにん》あるときは其先《そのせん》に生まれたる

卑属親ヲノレヨリデルシンルイタトヘハ子孫ノ如キ

親等ノ最モ近キ者親族ノ遠近ハ世數ヲ以テ定メ一世ヲ以テ一親等トス故ニ一親等ハ尤モ近クニ親等ハ其次ナリ

者但嫡出子《たゞしちやくしつし》と庶子《しよじ》又は私生子《しせいし》と有るとそれは嫡出《ちやくしつ》子《し》

然《しか》とれも右《みぎ》の規《き》定《てい》に従《したが》ひて家《か》督《とく》相續《さうぞく》人《にん》たる可き者か被《ひ》相續《そうぞく》人《にん》に先《さき》たちて死《し》亡《ばう》し又は第二百九十七條に掲《かゝ》けたる原《げん》因《いん》に由りて廢《はい》除《じよ》せられたる場《ば》合《あい》に於て其者に卑《ひ》屬《ぞく》親《しん》あるときは其《その》卑《ひ》屬《ぞく》親《しん》は法《はう》定《てい》の順位《じゆんい》に依《よ》りて家《か》督《とく》相續《さうぞく》人《にん》と爲る

㊟本條は家督相續人の順位を定めたるものなり

法律に於て家督相續人と爲る可き者の順位を定むること左の如し

第一　被相續人《ひそうぞくにん》の家族《かぞく》たる卑屬親中親等《ひぞくしんちうしんとう》の最《もつと》も近《ちか》き者

相續せらるゝ人の家族であつてそして卑屬親卽ち自己《じこ》より出《いつ》る所の親族中親等の最も近き者

第二　卑屬親中同親等の男子と女子と有るときは男子

若し同親等にあらすして女子か近きときはもとより前項《せんこう》によるべきなり

第三　男子數人あるときは其先に生まれたる者但嫡出子と庶子又は、嫡出子とあるときは嫡出子

嫡出子《ちやくしつし》とは婚姻中《こんいんちう》に懷胎出産《かいたいしつさん》したる子を云ふ

庶子《しよし》とは婚姻の式を擧《あ》けすして産《う》みたる子を云ふ

私生子《しせいし》とは父の知れさる子を云ふ

第四　女子のみ數人あるときは其先に生まれたる者但嫡出子と庶子又は私生子とあるときは嫡出子

然れとも右の規定《きてい》に從ひて家督相續人たる可き者か被相續人に先たちて死亡し又は第二百九十七條に揭けたる原因に由りて廢除せられたる場合に於て其者に卑屬親あるときは其卑屬親は法定《はうてい》の順位《じゆんい》に依りて家督相續人と爲るなり

本條は尤も大切の所故《ところゆへ》尚《な》ほ例《れい》を掲《かゝ》けて之を解《かい》すへし

第一の場合《ばあい》

子と孫とあるときは子は女にして孫は男なるとたと雖も子を以て相續人とす

第二乃場合《はあい》

子二人あつて其一人は男子一人は女子あるときは女子先きに生れたるとたと雖も男子を以て相續人とす

第三の場合《はあい》

男子二人以上あるときは先たに生れたる男子を相續人とす

但し本妻《ほんさい》の子と妾腹《しようふく》の子と父の知れさる子とあるときは本妻の子假令後に生れさりとも相續人とす

然れとひ庶子及ひ私生子を嫡出子となすことを得るか故に（人事篇第百三條）若し嫡出子となしたるときは本項《ほんこう》第一の場合によるよる

正當ノ原因《タヽシキワケ》

廢除《ノゾク》

第四の場合《ばあい》

女子のみ數人《すにん》あるときは其先に生まれたるものを相續人とせ

但し嫡出子と庶子と私生子とあるときは假令《たとい》後に生れたりと雖も嫡出子を以て相續人とす

然れとも右の規定《きてい》に從ひて云々の解《かい》は左の如し

先きに生れさる男子相續人たるべき筈《はづ》なれとも此者《このもの》死亡せる㕝又は相續人となることを許されさると㕝(第二百九十七條により)は此者の弟又は姉妹相續人《しまいそうぞくにん》となるにあらすして此者の子が本條の順序《じゆんじよ》によりて相續人となるなり尤も子なきときは此限にあらずとす

第二百九十六條　被相續人《ひそうぞくにん》は正當《せいとう》の原因《げんいん》あるに非されは法定《ほうてい》の推定《すいてい》家督相續人《かとくそうぞくにん》を廢除《はいじよ》することを得す

(註)被相續人は正當の原因あるにあらされは法定の推定家督相續人を廢除せることを得さるなり

廢除　ハイシノゾク

失踪　トウボウシテイドコノワカラヌコト

禁治産　ザイサンヲヲサメルコトガテキヌコト

不治ノ疾病　ナヲラヌヤマヒ

法定《はうてい》の推定《すいてい》家督相續人をは前條《ぜんじやう》によりて定まりたる相續人のことなり

第二百九十七條　法定《はうてい》の推定《すいてい》家督《かとく》相續人《さうぞくにん》を廢除《はいじよ》することを得へき正當《せいとう》の原因《げんいん》は左の如し

第一　失踪《しつそう》の宣言《せんげん》

第二　民事《みんじ》上禁治産《きんちさん》及ひ准禁治産《じゆんきんちさん》

第三　重禁錮《じやうきんこ》一年以上の處刑《しよけい》

第四　家政《かせい》を執《と》るに堪《た》へさる不治《ふち》の疾病《しつぺい》

第五　祖父母、父母に對する罪の處刑

第六　重罪に因れる處刑

(註)法定の推定《すいてい》家督《かとく》相續人《さうぞくにん》を廢《はい》することを得へき正當の原因《げんいん》は左の如し

第一　失踪の宣言《せんげん》

失踪の宣言のことは人事篇第十五章第二節に定めあり

第二　民事上禁治産《きんちさん》及び準《じゆん》禁治産

民事上禁治産及び準禁治産のことは人事篇第十二章第一節及び第二節に定めあり

第三　重禁錮一年以上の處刑

罪を犯し重禁錮一年以上の刑に處《しよ》せられたるもの

第四　家政《かせい》を執《と》るに堪《た》へさる不治《ふち》の疾病《しつぺい》

家政を執ることの出來《でき》る程《ほど》の終身《しゆうしん》治《ち》せさる病氣

第五　祖父母父母に對《たい》する罪の處刑

祖父母父母に對する罪を犯して刑罰を加へられたるもの

祖父母父母に對する罪は刑法第三百六十二條以下に定めあり

第六　重罪に因れる處刑

重罪を犯して重罪刑に處《しよ》せられたるものゝみを云ふにあらす重罪を

遺言　ヒトノシヌトキニスル　ユイゴン
廢除　ハイシノゾク
被相續人　ソウゾク　セラル、ヒト　例ヘハ子父ノ家督ヲ相續スルトキハ子ハ相續人ニシテ父ハ相續人ナリ
指定　サダメル

犯して減等《げんとう》の上輕罪《けいざい》刑に處せられさるものをも包含《はふがん》せ

第二百九十八條　推定家督相續人の廢除《はいじよ》は遺言書《いげんしよ》を以て之を爲し又は身分取扱吏《みぶんとりあつかいり》に申述《しんじゆつ》して之を爲すことを得

申述に基く家督相續人の廢除《はいじよ》は被相續人《ひさうぞくにん》之を取消《とりけ》すことを得

廢除《はいじよ》の取消も身分取扱吏に申述して之を爲す

㊟推定家督相續人《たいていかとくさうぞくにん》を廢するには遺言書を以て之を爲し又は身分取扱人に申述て之を爲すことを得るなり

申述に基く家督相續人の廢除は被相續人之を取消すことを得るなり

廢除の取消は身分取扱吏に申述して之を爲すへきなり

第二百九十九條　法定《はうてい》の家督相續人あるときは被相續《ひさうぞく》人《にん》は家督相續人を指定《してい》することを得す但此規定に違《たが》

法定　法ニ定メテアル相續人

指定　遺言書ヲ定メタル相續人

選定　エラミサタメル

ひたる指定と雖も被相續人の死亡《しばう》の日に法定の家督相續人あらさるときは有效《いうかう》とす

註 法定《はふてい》の家督相續人《かとくさうぞくにん》あるときは被相續人は法定の家督相續人を除《のぞ》きて他に家督相續人を指定することを得さるなり尤も此規定《きてい》に違《たが》ひたる指定と雖も被相續人の死亡の日に法定の家督相續人あらさるときは有効なり

第三百條　家督相續人の指定《してい》は遺言書《いげんしよ》を以て之を爲す可し

註 家督相續人の指定は遺言書を以て之を爲すへきものなり

第三百一條　法定《はふてい》又は指定《してい》の家督相續人あらさる場合に於て其家に死亡者の父あるときは父、父あらさるときは母は左の順序《じゆんじよ》に從ひ家族中より家督相續人を選定《せんてい》す

拋棄ステル

第一　兄弟

第二　姉妹

第三　兄弟姉妹の卑《ひ》屬《ぞく》親《しん》中《ちう》親等《しんとう》の最も近き男子若し男子あらす又は拋棄《ていき》したるときは女子

註 法定又は指定の家督相續人あらさる場合に於て其家に死亡者の父あるときは父、父あらさるときは母は左の順序《じゆんじよ》に從《したが》ひ家族中より家督相續人を選《えら》ぶべきなり

第一　兄弟

第二　姉妹

第三　兄弟姉妹の卑屬親即ち兄弟姉妹より出てたる親屬中の最も近き男子若し男子あらす又は男子ありても相續を拋棄《ていき》したるときは女子

第三百二條　前條の場《ば》合《あひ》に於て父母あらさるときは家

變更カヘル

任意コヽロノマヽ

督相續人選定の權利《けんり》は親族會《しんぞくくわい》に屬す但親族會は前條に定めたる選定の順序の變更《へんかう》することを得ず

註 前條の場合に於て母父あらさるときは家督相續人を選ふの權利は親族會に屬するなり但親族會と雖も前條に定めたる選定の順序を變《へん》更《かう》することを得さるなり

第三百三條　第三百一條の規定に從ひ選定《せんてい》す可き家督《かとく》相續人《さうぞくにん》あらさるとき又は皆拋棄《きいき》したるときは其家に在る尊屬親中親等の最も近き者任意《にんい》に家督相續を爲すことを得

註 第三百一條の定めに從ひ選ぶべき家督相續人あらさるとき又は皆拋棄したるときは其家に在る尊屬親中親等の最も近き者任意《にんい》に家督相續を爲すことを得るなり

尊屬親とは直系《ちよくけい》に出て丶自己の出つる所の親屬を云ふ父母祖父母の

配偶者 妻又ハ夫

記載 カキノセル

選定 エラビサダメル

特別規則 ベツダンナルキソク

如き即ち然り

第三百四條　前條の家督相續人あらさるときは配偶者《はいぐうしや》家督相續を爲すことを得

(註)前條の家督相續人あらさるときは配偶者《はいぐうしや》家督相續を爲すことを得るなり

配偶者とは夫婦の一方のものを云ふ

第三百五條　親族會は前數條に記載《きさい》したる相續人あらさるとき又は皆拋棄《きいき》したるときに非されは他人を選《せん》定《てい》することを得す

(註)親族會は前數條に記載したる相續人あらさるとき又は相續人《さうぞくにん》あるも皆拋棄したるときにあらされは他人を選定《せんてい》することを得さるものなり

第三款　隱居《いんきよ》家《か》督《とく》相《さう》續《ぞく》の特《とく》別《べつ》規《き》則《そく》

具備ソナハル

任意コヽロマカセ

成年二十年ニ満タルモノ

第二百六條　隱居《いんきよ》を爲すには左の條件《じやうけん》の具備《ぐび》することを要す

第一　滿六十年以上なること

第二　任意《にんい》に出たること

第三　成年《せいねん》にして且實際《じつさい》家政《かせい》を執《と》るの能力《のうりよく》ある家督相續人か單純《たんじゆん》の受諾《じゆだく》を爲したること

第四　配偶者の承諾《しようだく》したること

㊟隱居《いんきよ》を爲すには左の條件の具備《ぐび》することを要するなり

第一　滿六十年以上なること

第二　任意に出たること

任意《にんい》に出たることゝは自今のこゝろまかせにすることを云ふ故に他より強制《きようせい》せられたるときの如きは任意と云ふことを得す

第三　成年にして且實際家政を執《と》るの能力《のうりよく》ある家督相續人か單純《たんじゆん》

承繼　ウケツグ
宥恕　ユルス

の受諾《じゆだく》を爲したること

滿二十年以上にして而して實際家を治《おさむ》るだけの力ある家督相續人か單純の受諾を爲したることを要するなり單純の受諾のことは後節にあり

第四　配偶者《はいぐうしや》の承諾あること

卽ち妻の承知したること

右の要件の一たも欠けなば隱居することを得さるなり

第三百七條　隱居者か重病《じうびやう》其他の原因《げんいん》の爲めに實際家《か》政《せい》を執《と》る能はさるとき又は分家《ぶんけ》の戸主か本家《ほんけ》を承繼《しようけい》するの必要あるときは本人の申立に因り區裁判所《くさいばんしよ》は年齡《ねんれい》の條件を宥恕《ゆうじよ》することを得。

(註)隱居者《いんきよしや》か重病其他の原因の爲めに實際家《か》政《せい》を執《と》る能はさるとき又は分家の戸主か本家を承繼するの必要あるときは本人の申立に因り區裁判所は年齡の條件を免かれしむることを得るなり

故障　フヽクイ　フコト

第三百八條　隱居者の配偶者《はいぐうしや》、親族及ひ撿事は左の原因の一ニ基き隱居届出《いんきよとゞけいで》の日より六十日內ニ故障《こしやう》を申立つることを得

第一　第三百六條第一號乃至第三號の條件に違《たが》ひたる事實

第二　家督相續を爲す者か推定家督相續人《たいていかとくさうぞくにん》に非さる事實

又隱居《いんきよ》か任意《にんい》ニ出てさりし場合に於ては隱居者も亦故障《こしやう》を申立つることを得

註隱居者の配偶者、隱居者《いんきよしや》の親族及ひ撿事は左の原因《げんいん》の一ニ基《もとづ》き隱居届出の日より六十日內に故障《こしよう》を申立つることを得るなり

第一　第三百六條第一號乃至第三號の條件に違《たが》ひたる事實

第二　家督相續を爲す者の推定家督相續人《たいていかとくさうぞくにん》ニ非さる事實

債權者 隱居セントスル者ニ對シテ人權ヲ有スルモノ例令バ隱居ニ金ヲ貸渡シタルモノヽ如キ
詐害 イツハリガイス

又隱居か任意に出てさりし場合ゐ於ても隱居者も亦故障《こしやう》を申立つることを得るなり

第三百九條　隱居《いんきよ》か第三百六條第四號の條件《でうけん》に違《たが》ひたる事實《じじつ》あるときは隱居者の配偶者《はいぐうしや》に限《かぎ》り故障《こしやう》を申立つることを得

又隱居者か債權者《さいけんしや》を詐害《さがい》するの意思《いし》を以て隱居《いんきよ》を爲さんとするときは債權者は故障を申立つることを得

前條の期間《きかん》は本條にも亦之を適用《てきよう》す

(註)隱居《いんきよ》か第三百六條第四號の條件に違ひたる事實《じじつ》あるときは隱居者の配偶者《はいぐうしや》に限《かぎ》り故障《こしやう》を申つることを得配偶者に限りさるは配偶者の承諾《しやうだく》の如何《いかん》に關《くわん》するものなれはなり
又隱居者か債權者《さいけんしや》を詐害《さがい》するの意思を以て隱居を爲さんとするときは債權者は故障《こしやう》を申立つることを得るなり

利害關係《リガイノ》 カヽハリアル人
棄却 シリゾケル
確定 キッントキマッタコト
限度 カギリ
消滅 キヘル

前條乃期間《きかん》卽ち六十日内に故障を申立つへしとのことは本條にも適用そるなり

第三百十條　隱居を爲すときは當事者《たうじしや》より其旨《そのむね》を身分《みぶん》取扱吏《とりあつかひり》に届出《とゞけい》つ可し

注 隱居《いんきよ》を爲すときは隱居を爲すものより其旨を身分取扱吏に届出《とゞけい》つへきものなり

第三百十一條　隱居家督相續《いんきよかとくさうぞく》は届出前の利害關係人《りがひくわんけいにん》に對《たひ》しては第三百八條に定めたる期間《きかん》滿限《まんげん》の日より又故障《こしやう》あるときは其故障棄却確定《ききやくくわくてい》したる日より死亡《しばう》に因る相續と同一の效力《かうりよく》を生す但隱居者の終身を限度《げんど》とする權利《けんり》及ひ義務《ぎむ》を消滅《せうめつ》せしめす

注 隱居家督相續《いんきよかとくさうぞく》は届出前《とゞけいでまへ》の利害關係人《りがひくわんけいにん》に對《たひ》しては第三百八條に定めたる期間滿限《きかんまんげん》乃日より又故障《こしやう》ありたるときは其故障の棄却確定《ききやくかくてい》した

る日より死《し》亡《ばう》に因《よ》る相續《さうぞく》と同一の効力を生するものなり但隠居者の終身《しうしん》を限度とする權利《けんり》及ひ義務を消滅《せうめつ》せしめさるなり

終身を限度とする權利《けんり》及ひ義務《ぎむ》とは隠居者の終身間設定《せつてい》しさる使用《しよう》收益權《しうゑきけん》又は終身間年金《ねんきん》を拂《はら》ふの義務の如きものを云ふ

第二節　遺産相續《いさんそうぞく》

第三百十二條　遺産《いさん》相續《そうぞく》とは家族《かぞく》の死亡《しばう》に因る相續を謂《い》ふ

註 相續《さうぞく》に家督相續《かとくさうぞく》と遺産《いさん》相續との二あり家督相續のことは第一節に定め本部《ほんぶ》に遺産相續のことを定めたり

本條は遺産相續の定義《ていぎ》を下したるものなり

遺産相續とは家族《かぞく》の死亡に因る相續を謂《い》ふなり

第三百十三條　家族《かぞく》の遺産《いさん》は其家族と家《いへ》を同ふする卑《ひ》屬親《ぞくしん》之を相續し卑屬親なきときは配偶者《はいぐうしや》之を相續し

規定《サタメ》

當然《アタリマヘ》

配偶者なきときは戸主《こしゆ》之を相續《そうぞく》す

㊟家族《かぞく》の遺産《いさん》は其家族と家を同ふする卑屬親《ひぞくしん》之を相續《さうぞく》し卑屬親なきときは配偶者之を相續じ配偶者なきときハ戸主《こしゆ》之を相續するものなり

第三百十四條　卑屬親《ひぞくしん》か遺産《いきん》を相續ずる場合《ばあひ》に於て第二百九十五條の規定《きてい》を適用《てきよう》す

㊟卑屬親《ひぞくしん》か遺産《いさん》を相續《さうなく》する場合《ばあひ》に於ては第二百九十五條の規定を適用すへきものなり

第三節　國《くに》に屬《ぞく》する相續《さうぞく》

第三百十五條　相續人あらさる財産《ざいさん》は當然國《たうぜんくに》に屬《ぞく》す
國は限定《げんてい》の受諾《じゆじやう》を以て相續《そうぞく》す

㊟何人《あにびと》も相續《さうぞく》する者なき財産《ざいさん》は當然國《たうぜんくに》に屬《ぞく》するものなり而して國は限定《げんてい》の受諾《じゆじやく》を以て相續するものとす

領收《ウケヲサメル》
曠缺《ムナクカケル》
管理《アヅカウ》
受諾《シヨウチスル》
拋棄《ステル》

限定《げんてい》の受諾のことは第三百二十五條以下《いか》に定《さだ》めあり

第三百十六條　國《くに》に屬《ぞく》す可き相續財産《さうぞくざいさん》は其領收《りやうしゆう》を爲すに至るまて相續人曠缺《こうけつ》の財産《ざいさん》を管理《くわんり》する如く之を管理す

註 國《くに》に屬《ぞく》へき相續財産《さうぞくざいさん》は其財産を領收《りやうしゆう》するまては相續人曠缺《こうけつ》の財産を管理《くわんり》する如くに管理《くわんり》するものなり

第四節　相續《さうぞく》の受諾《じゆだく》及ひ拋棄《きやく》

第三百十七條　相續人《さうぞくにん》は相續に付き單純《たんじゆん》若くは限定《げんてい》の受諾を爲し又は拋棄《きやく》を爲すことを得但法定家督相續人は拋棄を爲すことを得す又隱居家督《いんきよかとく》相續人《さうぞくにん》は限定《げんてい》の受諾を爲すことを得す

註 相續人《さうぞくにん》は相續に付き單純若く《たんじゆんもしく》は限定《げんてい》の受諾《じゆだく》を爲し又は拋棄《はうき》を爲すことを得るなり然れとも法定家《はふていか》督《とく》相續人は棄拋《ききやく》を爲すことを得す又

調査　シラベル
情況　モヨウ
延期　日ヲノバス
終了　ヲハル
算　カゾヘル

隠居家督相續人《いんきよかとくさうぞくにん》は限定の受諾《じゆだく》を爲すことを得す

第三百十八條　隠居家督相續《いんきよかとくさうぞく》を除《のぞ》く外相續人は相續財産《さいさん》を調査《てうさ》する爲め相續の日より三个月の期間《きかん》を有す但裁判所は情況《じやうけう》に因り更《さら》に三个月内の延期《えんき》を許《ゆる》すことを得

受諾《じゆだく》又は拋棄《はうき》を決定《けつてい》する爲め一个月の期間《きかん》を有す此期間は調査期間滿限《てうさきかんまんげん》の日又は其前に實際《じつさい》の調査を終了《しうれう》したる日より之《これ》を算《さん》す

(註)隠居家督相續《いんきよかとくさうぞく》を除《のぞ》く外相續人は相續する財産《ざいさん》を調《しら》べる爲め相續の日より三个月の期間を有するなり尤も裁判所は情況《じやうけう》に因《よ》り更《さら》に三ケ月内の延期《えんき》を許《ゆる》すことを得るなり

受諾又は拋棄《はうき》を決定《けつてい》する爲め一个月の期間を有す此期間《きかん》は調査期間《てうさきかん》滿限《まんげん》の日又は其前に實際《じつさい》の調査《てうさ》を終《をは》りたる日より之を算《さん》するものな

停止　トヽメル
調査　シラベル
費用　イリメ
負擔　チフ
所爲　シワザ
過失　アヤマチ

り

第三百十九條　相續《さうぞく》人《にん》は調査《てうさ》又は決定《けつてい》の期間内相續財産に關《くわん》する一切《いつさい》の訴訟《そしやう》手續《てつゞき》を停止《ていし》せしむることを得

註 相續人《さうぞくにん》は調査《てうさ》又は決定《けつてい》の期間《きかん》内《ない》相續財産《さうぞくざいさん》に關《くわん》する一切の訴訟手續《そしようてつゞき》を停止《ていし》せしむることを得るなり

第三百二十條　相續財産《さうぞくざいさん》に關《くわん》する訴訟に要せし費用《ひよう》は法律上の期間内に係るものと裁判所の許《ゆる》されたる延期《えんき》内《あい》に係《かゝ》るものとを問《と》はす總《すべ》て相續財産の負擔《ふたん》とす但相續人の所爲《しよい》又は過失《くわしつ》に因《よ》りて要《えう》せし費用《ひよう》は此限《このげん》に在らす

註 相續財産《さうぞくざいさん》に關《くわん》する訴訟《そしよう》に要《えう》せし費用は法律《はふりつ》上の期間内に係るものと裁判所《さいばんしよ》の許《ゆる》されし延期《えんき》内《あい》に係《かゝ》るものとを問はす總《すべ》て相續財産の負《ふ》擔《たん》すへきものとす但相續人の所爲《しよい》又は過失に因りて要せし費用《ひよう》は此

損破《ヤフル》
保存《タモツ ソンスル》
認可《ユルス》
競賣《セリウリ》

明示《アキラカニシメス》
默示《アンモクニシメス》
代表《カハリ》

限に在らさるなり

第三百二十一條　相續財産中《さうぞくざいさんちう》に損敗《そんはい》し易《やそ》く又は保存《ほぞん》するに著《いちじる》しき費用《ひよう》を要《えう》する物品《ぶつひん》あるときは調査《てうさ》又は決《けつ》定《てい》の期間《きかん》内《ない》と雖も區裁判所《くさいばんしよ》の認可《にんか》を得《え》て其物品を競《きやう》賣《ばい》に付するとを得但日用品は裁判所の認可《にんか》を經《へ》すして之を處分《しよぶん》するとを得

(譯)相續財産中《さうぞくざいさんちう》に損敗《そんはい》し易《やそ》く又は保存《ほぞん》するに澤山《たくさん》の費用《ひよう》を要する物品《ぶんぴん》あるときは調査《てうさ》又は決定の期間内と雖も區裁判所の認可《にんか》を得《え》て其物品《ぴん》を競賣《きやうばい》に付するとを得るなり但日用品は裁判所の認可《にんか》を經《へ》すして之を處分《しよぶん》するとを得るなり

第一款　單純《たんじゆん》の受諾《じゆだく》

第三百二十二條　相續人《さうぞくにん》か被《ひ》相續人の財産《ざいさん》に關《くわん》し明示《めいし》又は默示《もくし》にて其代表者《そのだいひやうしや》と爲《な》るの意思《いし》を顯《あら》はすときは

設定《モウケサダメル》

抛棄《ステル》

單純《たんじゆん》の受諾《じゆだく》とす

㊟相續人か被相續人の財産《ざいさん》に關し明示又は默示《もくし》にて其代表者《そのだいひやうしや》と爲るの意思《いし》を顯《あらは》はすときは單純の受諾《じゆだく》とそるなり

第三百二十三條　左の如き場合《ばあひ》に於ては默示《もくし》の受諾《じゆだく》ありとす

第一　相續財産《さうぞくざいさん》の一箇《いつこ》又は數箇に付き他人《たにん》の爲めに所有權《しよゆうけん》を讓渡《ゆづりわた》し又は其他《そのた》の物權《ぶつけん》を設定《せつてい》したるとき但財産編《たゞしざいさんへん》第百十九條以下の制限《せいげん》に從ひたる賃借權《ちんしやくけん》の設定《せつてい》は此限に在らす

第二　相續人か第三百十八條の期間內《きかんない》に限定《げんてい》受諾《じゆだく》又は抛棄《はうき》を爲さゝるとき

右の外尙ほ第三百二十七條第二號の場合は單純《たんじゆん》の受諾《じゆだく》を成す

銷除ケシノゾク
強暴ボウリヨクヲ以テ強ユルコト即チランボウ
詐欺アザムク

註左の如き場合《ばあい》に於ては默示《もくし》の受諾ありとす
第一　相續財産《さうぞくざいさん》の一箇又數箇に付き他人の爲めに所有權を讓渡《ゆづりわた》し又は其他の物權《ぶつけん》を設定したるとき但財産編第百十九條以下の制限に從ひたる賃借權《ちんしやくけん》の設定は此限に在らず
第二　相續人が第三百十八條の期間内《きかんない》に限定受諾《じやうだく》又は拋棄《ほうき》を爲さゞるとき
右の外尚ほ第三百二十七條第二號の場合は單純の受諾を爲すなり

第三百二十四條　受諾《じやだく》は左の原因《げんいん》の一あるに非されは之を銷除《しようじよ》することを得す
第一　身體《しんたい》又は財産《ざいさん》に強暴《きやうぼう》を加へられたるに因りて受諾したるとき
第二　詐欺《さぎ》の爲めに受諾したるとき
第三　無能力者《むのうりよくしや》又は後見人《こうけんにん》か方式に違《たが》ひて受諾せ

債務《ギム》

たるとき
第四　受諾《じゆだく》の時成立《せいりつ》せることを知らさる債務《さいむ》の為
之破産《はさん》又は無資力《むしりよく》と為るに至る可きとき
此《この》銷除訴權《しよじよそけん》は財産編第五百四十四條以下に規定した
る銷除訴權の期間《きかん》及ひ條件《じようけん》に從ふ

㊟受諾は左の原因の一あるにあらされは之を消除《せうじよ》することを得さる
なり
第一　身體《しんたい》又は財産に強暴《きやうばう》を加《くは》へられたるに因りて受諾したると
き
即ち任意《にんい》の受諾にあらすして強制《きやうせい》に出てたるとき
第二　詐欺《さぎ》の為めに受諾したるとき
第三　無能力者又は後見人か方式に違ひて受諾したるとき
第二は他人より欺《あざむ》かれて承諾しさるもの故完全《くわんぜん》の承諾なく第三は承

限度《カキリ》ノト

諾せる能力なくして承諾《しやうだく》したるもの故に者共に其受諾を取消ことを得るなり

第四　受諾の時成立《ときせいりつ》せることを知らさる債務《さいむ》の爲め破産《はさん》又は無資《むし》力《りよく》と爲るに至るへきとき

右の場合に於て受諾を消除《せうぢよ》する訴權は財產編第五百四十四條以下に規定《きてい》したる銷除訴權《せうぢよそけん》の期間《きかん》及ひ條件に從ふへきなり

第二款《くわん》　限定《げんてい》の受諾《じゆだく》

第三百二十五條　相續人《さうぞくにん》か相續財產《さうぞくざいさん》の限度《げんど》まてに非されは債務《さいむ》の辨償《べんしやう》の責に任せさるときは限定の受諾とす

㊟本條は限定の受諾の定義《ていぎ》をめ定たるものなり

限定の受諾《じゆだく》とは相續人か相續財產の限度まてにあらされは債務《さいむ》の辨《べん》償《しやう》の責《せめ》に任《にん》せさるを云ふ卽ち負債《ふさい》あるも相續したる財產にて辨償《べんしやう》す

調査　シラベル

私取　ワタクシニトル即チヒソカニトルコト

隱匿　カクス

惡意　ワルコヽロ

るの外其責に任せざるものなり故に千圓の財産を相續して二千圓の負債《ふさい》あるときも千圓丈けより外ハ辨償するの責なきなり

第三百二十六條　相續人《そうぞくにん》にして限定《げんてい》の受諾を爲すの意《い》思《し》を有する者は第三百十八條の期間内に調査《ちようさ》したる財産の目錄《もくろく》を相續地《そうぞくち》の區裁判所に差出《さしい》だし其申述《もうしのべ》を爲し裁判所は別段《べつだん》に備へたる帳簿《ちやうぼ》に之を記載《きさい》す可し

(註)相續人にして限定《げんてい》の受諾を爲すの意思を有せる者は第三百十八條の期間内に調査したる財産の目錄《もくろく》を相續地の區裁判所に差出だし其申述を爲し裁判所は別段《べつだん》に備へたる帳簿《ちやうぼ》に之れを記載《きさい》すべきものなり

第三百二十七條　左の場合に於ては相續人は限定受諾を爲その權利《けんり》を失ふ

第一　單純《たんじゆん》の受諾を爲したるとき

記載カキノセル
特有財産ニ於ケルト同一ノ注意ジブンノコトニユウスルザイサントヲナジニキヲツケル
管理アツカフ
受遺者イソウヲウケタルモノ例ヘハ余死セントスルトキ甲ニ金百圓ナ贈ルベシト遺言シタルトキノ如キ余ハ遺贈者ニシテ甲ハ受贈者ナリ
計算カンシヨウ
完了ヲハル

第二　相續財産を私取《ししゆ》し若くは隱匿《いんとく》し又は惡意《あくい》を以て財産調査目錄《ざいさんちようさもくろくちやう》中に相續財産の幾分《いくぶん》を記載《きさい》せさりしとき

㊟左乃場合《ばあひ》ヌ於ては相續人は限定受諾を爲すの權利《けんり》を失ふものなり

第一　單純《たんじゆん》の受諾《じゆだく》を爲したるとき

第二　相續財産を私取《ししゆ》し若くは隱匿《いんとく》し又も惡意《あくい》を以て財産調査目錄《ざいさんてうさろくちう》中に相續財産の幾分《いくぶん》を記載《きさい》せさるとき

第三百二十八條　限定受諾者《げんていじゆだくしや》は其特有《とくゆう》財産に於けると同一《どういつ》の注意《ちやうい》を以て相續財産を管理《かんり》し債權者及ひ受遺《じゆい》者《しや》に其《その》計算《けいさん》を爲す可し但此計算もし債務及ひ遺贈《いぞう》の辨《べん》濟《さい》の爲め相續財産を拂盡《はらひつく》したる後《のち》一个月内に之を完《かん》了《りよう》することを要す

㊟限定受諾者《げんていじゆだく》は其特有財産に於けると同一の注意を以て相續財産を

動產　衣服器物ノゴトキモノ
不動產　家土地ノ如キモノ
賣却　ウリハラフ
許可　ユルス
競賣　セリウリ
混同セス　一所ニマゼコセニセヌコト
各箇　オノ〱ニ付卽チベツ〱

管理し債權者《さいけんしや》及ひ受遺者に其計算《けいさん》を爲すへきなり但此計算は債務及び遺贈《いざう》の辨濟《べんさい》の爲め相續財產を拂盡したる後一ヶ月内に之を完了《くわんりよう》することを要す
債權者《さいけんしや》に計算《けいさん》するとは被相續人の權利者に辨濟することを云ふ
受遺者《じゆいしや》に計算するとは被相續人の爲したる遺贈《いざう》を辨濟することを云ふ

第三百二十九條　限定受諾者《げんていじゆだくしや》は動產《どうさん》と不動產《ふどうさん》とを問はす總《すべ》て相續財產の賣却《ばいきやく》を要するときは區裁判所の許《きよ》可《か》を得て之を競賣《きようばい》に付す可し

(註)限定受諾者《げんていじゆだくしや》は動產《どうさん》と不動產とを問はす總《すべ》て相續財產の賣却《ばいきやく》を要するときは區裁判所の許可《きよか》を得て之を競賣《きやうけい》に付すへきなり

第三百三十條　限定受諾者《げんていじゆだくしや》は適法《てきはう》に賣却したる財產の各箇《かくこ》に付て得たる代價《だいか》を混同《こんどう》せす其各箇に付て優先《ゆうせん》

權《けん》を有する債《さい》權《けん》者《しや》に順次に辨《へん》濟《さい》す可し

㊟限定受諾者は適法に賣《ばい》却《きやく》したる財産の各《かく》箇《こ》に付て得たる代《だい》價《か》を混《こん》同《どう》せす其各箇に付て優《ゆう》先《せん》權《けん》を有せる債權者に順《じゆん》次《じ》に辨《べん》濟《さい》すへきものなり、

適法とは法に適《かな》ふことを云ふ

優先權とは何人よりも先きに辨濟を受くる權《けん》利《り》を云ふ

第三百三十一條　相續の負《ふ》擔《たん》ずる債《さい》務《む》又は遺《い》贈《ぞう》の辨濟を差《さし》押《おさ》へ又は其辨濟に付き異《い》議《き》を述ふる債權者又は受《じゆ》遺《い》者《しや》あるときは限定受諾者は裁判を以て定めたる順次及ひ方《はう》法《はふ》に從ふに非されは其辨濟を爲すことを得す

㊟相續の負《ふ》擔《たん》する債務又は遺《い》贈《ぞう》の辨濟を差押へ又は其辨濟に付き異《い》議《ぎ》を述ふる債權者又は受遺者あるときは限定受諾者は裁判を以て定

負擔ヲフ
異議コシヨウチイフコト
方法シカタ

要求《モトメ》
完了《チハル》
求償權《ツグナイヲモトムルケンリ》

めたる順次《じゆんじ》及ひ方法に從ふにあらされは其辨濟を爲すことを得さるなり蓋し差押者《さしおさへしや》又は異議者を害《がい》するによる

第三百三十二條　前條の差押《さしおさへ》又は異議《いぎ》あらさるときは債權者《さいけんしや》又は受遺者《じゆいしや》の要求《ようきゆう》に從ひて辨濟《へんさい》を爲す辨濟《べんさい》の爲めに相續財產《さうぞくざいさん》を拂盡したる後と雖も第三百二十八條に規定《きてい》したる計算《けいさん》を完了《くわんりやう》せさる前に要求《ようきゆう》を爲す債權者又は受遺者は左の區別《くべつ》に從ひ既に辨濟を得たる債權者及ひ受遺者に對して求償權《きゆうしようけん》を行ふことを得

第一　債權者は先《ま》つ受遺者《じゆいしや》に對し次に債權者《さいけんしや》に對《たい》すること

第二　受遺者は單《たん》に受遺者《じゆいしや》に對すること

註 前條の差押《さしおさへ》又は異議《いぎ》あらさるときは債權者又は受遺者の要求《ようきう》に從

計算カンヂヨウ
遅延チソクナル
受遺者遺贈ヲウケタルモノ

ひて辨濟《べんさい》すへきなり
辨濟の爲めに相續財產を拂盡したる後と雖も第三百二十八條に規定《きてい》したる計算を完了せさる前に要求を爲す債權者又は受遺者は左の區別に從ひ既に辨濟を得さる債權者及ひ受遺者に對して求償權を行ふことを得るなり
第一　債權者《さいけんしや》は先つ受遺者に次に債權者に對《たい》すること
第二　受遺者は單に受遺者に對すること

第三百三十三條　相續人か計算《けいさん》の完了《くわんりよう》を遅延《ちにん》したる場合に於ては債權者《さいけんしや》中《ちゆう》未た辨濟《べんさい》を得さる者より既に辨濟を得たる受遺者及ひ債權者に求償《きゆうしやう》することを得へき其額《がく》を直ちに相續人の特有《とくゆう》財產《ざいさん》に付き求償《きゆうしやう》することを得

㊟相續人《そうぞくにん》か計算《けいさん》の完了《くわんれう》を遅延《ちえん》したる場合に於ては債權者中未た辨濟

求償權ツクナイチモトムルケンリ

を得さる者より既《たて》に辨濟《べんさい》を得たる受遺者《じゆいしや》及ひ債權者に償《つくない》を求《もと》むることを得へき額を債權者《さいけんしや》に求《もと》めすして直ちに相續人の特有財產《とくゆうざいさん》に付き求償することを得るなり

第三百三十四條　相續財產《さうぞくざいさん》を拂盡《はらひつく》し計算《けいさん》を完了《くわんりやう》したる後に要求《ようきう》を爲す債權者《さいけんしや》は單《たん》に辨濟《べんさい》を得たる受遺者《じゆいしや》に對するに非されは求償權《きうしやうけん》を行ふことを得す

㊟相續財產《さうぞくざいさん》を拂盡《はらひつく》し計算《けいさん》を完了《くわんりやう》したる後に要求を爲す債權者は單《たん》に辨濟を得さる受遺者に對するにあらされは求償權《きうしやうけん》を行ふことを得さるなり

第三百三十五條　前三條の求償權《きうしやうけん》は三个年間之を行ふことを得但此期間《きかん》は計算《けいさん》の完了《くわんりやう》前に係《かゝ》るときは初《はじ》め相續人《さうぞくにん》に要求したる日又《ひまた》完了後《くわんりやうご》に係《かゝ》るときは其完《そのくわん》了《りやう》の日より之を算《さん》す

拋棄《ステル》

受諾《シヨウチスル》

註 前三個條に記載《きさい》したる求償權は三個年間之を行ふことを得るなり
而して此期間の起算は計算《けいさん》の完了前《くわんれうぜん》に係るときは初め相續人に要求
したる日又完了後に係るときは其完了《くわんれう》の日より起るものなり

第三款《くわん》 拋棄《はうき》

第三百三十六條 相續《さうぞく》を拋棄《はうき》せんとする相續人は相續《さうぞく》地《ち》の區裁判所《くさいばんしよ》に其旨《そのむね》を申述《しんじゆつ》し裁判所は別段《べつだん》に備《そな》へたる帳簿《ちやうぼ》に之を記載《きさい》す可し

註 相續を拋棄《はうき》せんとする相續人は相續地の區裁判所に其旨《むね》を申述《しんじゆつ》し裁判所は別段《べつだん》に備へたる帳簿《ちやうぼ》に之を記載《きさい》すべきものなり

第三百三十七條 拋棄《はうき》したる相續《さうぞく》は他《た》に受諾《じゆだく》したる相續人あらさる間は拋棄《はうき》者更《さら》に之を受諾することを得然れとも此受諾は第三百十八條の期間《きかん》内に非《あら》されは之を爲すことを得す但相續《たゞしさうぞく》財産《ざいさん》に付ては第三者に有效

銷除　ケシノゾク
强暴　ランボウ
詐欺　アザムク

に得たる權利《けんり》を害《がい》すること無し

(註)拋棄《はうき》したる相續人他に受諾《じゆだく》しさる相續人あらさる間は拋棄者《ばうきしや》更《さら》に之を受諾することを得るなり然れとも此受諾は三个月の期間內にあらされは之を爲すことを得す又相續財産《さうぞくざいさん》に付き第三者の有効に得たる權利《けんり》を害《がひ》することを得さるなり

第三者の有効《いうかう》に得たる權利《けんり》とは時効《じかう》に依て獲得《かくとく》したる權利の如きを云ふなり

第三百三十八條　相續《さうぞく》を拋棄《ばうき》したる者は他に受諾《じゆだく》したる相續人ありと雖も左の場合に於ては其拋棄を銷除《しようじよ》することを得

第一　身體《しんたい》又は財産《ざいさん》に强暴《きやうばう》を加へられたるに因《よ》り拋棄《ばうき》したるとき

第二　詐欺《さぎ》の爲《ため》めに拋棄《ばうき》したるとき

第三　無能力者《むのうりよくしや》又は後見人《こうけんにん》か方式《はうしき》に違《たが》ひて拋棄《はうき》したるとき

此銷除訴權《しようじよそけん》は財產編第五百四十四條以下に規定《きてい》したる期間《きかん》及ひ條件《じやうけん》に從ふ

㊟相續を拋棄《はうき》したる者は他に受諾したる相續人《さうぞくにん》ありと雖も左の塲合《ばあひ》に於ては其拋棄を消除《せうぢよ》することを得るなり

第一　身躰《しんたい》又は財產《ざいさん》に强暴を加へられたるに因り拋棄《はうき》したるとき

第二　詐欺の爲めに拋棄したるとき

第三　無能力者又は後見人か方式に違ひて拋棄したるとき

此消除訴權は財產編第五百四十四條以下に規定したる期間及ひ條件に從ふへきものなり

第一第二の塲合《ばあひ》に於ては完全《くわんぜん》の承諾《しようだく》なく第三の塲合は拋棄《はうき》其者無効《むかう》に屬《ぞく》するか故に拋棄《はうき》を消除《せうぢよ》することを得へしと定めたるなり

詐害　イツハリガイス

債權者自己ノ利益ノ爲メニ廢罷　ケンリアル者其權利ヲ害サレタルトキハ權利者ノ自己ノ利益ノ爲メニ相續ノ抛棄ヲトリケサシムコトヲ得ルナリ

包含　フクム

私取　ヒソカニトル

隱匿　カクス

第三百三十九條　債權者《さいけんしや》を詐害《さがい》する意思《いし》に出《い》てたる抛棄《はうき》は財産編第三百四十一條以下に定めある區別《くべつ》及ひ期間《きかん》に從ひ債權者《さいけんしや》自己の利益《りえき》の爲め之を廢罷《はいひ》することを得

㊟債權者《さいけんしや》を詐害《さがい》する意思《いし》に出《い》てたる抛棄《はうき》は財産編《さいさんへん》第三百四十一條以下に定めたる區別《くべつ》及ひ期間《きかん》に從ひ債權者自己《さいけんしやじこ》の利益《りゑき》の爲めに之を廢罷《はいひ》することを得るなり

第三百四十條　適法《てきはう》に受諾《じゆだく》し又は受諾者《じゆだくしや》と推定《すいてい》せられたる者は抛棄《はうき》を爲すことを得す

㊟適法に受諾《じゆだく》し又は受諾者と推定《すいてい》せられたる者は抛棄《はうき》を爲すことを得さるなり

第三百四十一條　相續《さうぞく》に包含《はうがん》する物を私取《しし》し又は隱匿《いんとく》したる相續人《さうぞくにん》は其相續《そのさうぞく》を抛棄《はうき》する權利《けんり》を失ふ

曠缺　ムナシクカケル即チ一時相續人ノナキコト
現出　アラワレデル
有無分明セス　アルナシワカラヌ
拋棄　ステル
管理人　トクアツカフヒト
利害關係人　りがイノカヽハリアルヒト
召喚　ヨビイダス

㊟相續に包含《はうがん》する物を私取《ししゆ》し又は隱匿《いんとく》したる相續人は其相續を拋棄することを得さるなり

第四款《かん》　相續《さうぞく》人《にん》ち曠《こう》缺《けつ》せる相續財產《さうぞくざいさん》の處分《しよぶん》

第三百四十二條　相續人《さうぞくにん》現出《けんしつ》せす相續人の有無分明《いうむぶんめい》ならして又は相續人相續を拋棄《はうき》しあるときは相續人の曠《こう》缺《けつ》せるものと看做す

㊟相續人出ても相續人の有無分明《いうむぶんめい》ならす又は相續人《さうぞくにん》相續を拋棄したるときは相續人乃曠缺せるものと看做《みな》すなり

第三百四十三條　相續地《さうぞくち》の區裁判所《くさいはんしよ》は利害關係《りがいかんけい》人又は撿事の請求に因りて相續財產の管理人《かんりにん》を命《めい》す可し

㊟相續地の區裁判所《くさいはんしよ》は利害《りがい》のかゝはりある人又は撿事《けんじ》の請求《せいきう》に因《よ》りて相續財產《さうぞくざいさん》乃管理人を命《めい》すへきものなり

第三百四十四條　管理人《かんりにん》は利害關係人《りがいかんけいにん》を召喚《しようかん》して相續

調査　シラベル
形狀　モヨウタトヘハコヽハヤブレテアルトカコヽハカケテアルトカ云フ樣ナコト
終了　ヲハル
訴求　ウツタヘモトメル
賣却　ウリハラヒ
供託　アツケル
負擔　ヲフ

財産を調査《てうさ》し其《その》目《もく》録《ろく》を作り財産《ざいさん》の形狀《けいじやう》を撿證《けんしよう》せしむ可し

管理人《かんりにん》は此《この》手續《てつゞき》を終了《しうりやう》したる後相續に屬《ぞく》する權利《けんり》を行使《こうし》し之を訴求《しようきう》し又其相續に對《たい》する訴求に答辯《とうべん》す可し

金錢《きんせん》は相續《さうぞく》財産《ざいさん》中《ちう》に存するものと其《その》賣却《ばいきやく》より得たるものとを問はす供託所《くうたくしよ》に之を供託《きようたく》す可し

相續の負擔《ふたん》する債務《さいむ》は區裁判所の許可《きよか》を得るに非されは之を辨濟《べんさい》すへきことを得す

(註)管理人《くわんりにん》は利害關係人《りがいくわんけいにん》を召喚《せうくわん》して相續財産を調査《てうさ》し其目録《もくろく》を作り財産の形狀《けいじやう》を撿證《けんしやう》せしむへきなり

管理人《くわんりにん》は此手續を終了《しゆうれう》したる後相續に屬《ぞく》する權利《けんり》を行使《こうし》し之を訴求し又其相續に對する訴求に答辯すへきなり

適用《モチユル》
完了《マツタクヲハル》
競賣《セリウリ》
領收証《ウケトリノカキツケ》

金錢は相續財產中に存するものと其賣却《ばいきやく》より得さるものとを問はす供託所に之を供託《きやうたく》すへきなり相續の負擔《ふたん》する債務《さいむ》は區裁判所の許可を得るにあらされは之を辨濟《べんさい》することを得さるなり

第三百四十五條　限定受諾者《げんていじゆだくしや》の義務《ぎむ》及ひ責任《せきにん》に關《くわん》し第三百二十八條以下に定めたる規則《きそく》は管理人《かんりにん》に之を適《てき》用《よう》す

註 限定受諾者《げんていじゆだくしや》の義務《ぎむ》及ひ責任《せきにん》に關《くわん》し第三百二十八條以下に定めたる規則は管理人に之を適用するなり

第三百四十六條　管理人《かんりにん》は計算《けいさん》を完了《くわんりよう》して尚ほ相續財產《さうぞくざいさん》の存するに於ては區裁判所の許可《きよか》を得て之を競賣《きやうばい》に付し其得たる金額《きんがく》を供託所《きやうたくしよ》に供託す可し管理人《かんりにん》は其領收證《そのりやうしゆしよう》を區裁判所に差出《さしいだ》し區裁判所は之を保存《ほぞん》す

現出《アラハレテル》
提出《サシイダス》

可し

㊟管理人《くわんりにん》は計算を完了《くわんれう》して尚は相續財産の存するに於ては區裁判所の許可《きよか》を得て之を競賣《きやうばい》に付し其得たる金額《きんがく》を供託所《きよたくしよ》に供託すへきなり

管理人は其領收証を區裁判所に差出たし區裁判所は之を保存すへきものなり

第三百四十七條　相續人《さうぞくにん》現出《げんしゆつ》するときは其相續人は區裁判所より供託所《きやうたくしよ》の領收證《りやうしうしよう》及ひ相續人たる身分《みぶん》の證《しよう》明書《めいしよ》を得て之を供託所に提出《ていしつ》し供託金額《きんがく》を領收す可し

㊟相續人出るときは其相續人は區裁判所《くさいばんしよ》より供託所の領收証《りやうしやうしよう》及ひ相續人たる身分《みぶん》の証明書《しようめいしよ》を得て之を供託所《きようたくしよ》に提出《ていしゆつ》し供託金額《きんがく》を領收すへきなり

確實 タシカ
特別法 ベツダンノハフリツ
當事者 ヤクソクシタル一方ノ者
移轉 ウツス
要式 方式ヲ要スルヿ

第三百四十八條　相續人《そうぞくにん》あらさること確實《かくじつ》に至《いた》りたるときは國《くに》は特別法《とくべつはふ》に從ひ供託《きやうたく》金額《きんがく》を領收《りやうしやう》す可し

㊟相續人あらさること確實《かくじつ》に至りさるときは國れ特別法《とくべつはふ》に從ひ供託《きやうたく》金額《きんがく》を領收すへきものなり

第十四章　贈與《ぞうよ》及ひ遺贈《いぞう》

總則《そうそく》

㊟總則《そうそく》ハ本章全体に關する規則《きそく》を定《さだ》めさるものなり

第三百四十九條　贈與《ぞうよ》とは當事者《とうじしや》の一方《いつはう》か無償《むしやう》にて他の一方に自己《じこ》の財產《ざいさん》を移轉《いてん》する要式《ようしき》の合意《がうい》を謂ふ

㊟本條は贈與《ぞうよ》の定義《ていぎ》を定めさるものなり
贈與とハ當事者の一方の無償《むしやう》にて他の一方に自已《じこ》の財產《ざいさん》を移轉《いてん》する要式の合意を謂《い》ふあり例へは余、甲に甲より何物をも受《うけ》ずして余の財產を甲に與ふるか如き然り而して合意《がうい》ハ合意あると同時《どうじ》に効力《かうりよく》を

廢罷《ヤメル》

生するものなれとも要式合意は要式を履行するにあらされは其効を生せさるなりされは余甲に余の家を無償にて與ふるも方式を履まされは贈與の効を生せさるなり

第三百五十條　贈與《ぞうよ》は單純《たんぢゆん》、有期《いうき》又は條件附《でうけんつき》なること有り

贈與は法律《はふりつ》の認《した》めたる原因《げんいん》あるに非されは之を廢罷《はいひ》することを得す

(註)贈與《ぞうよ》は單純《たんじゆん》、有期《いうき》又は條《でう》件附なることあり

贈與は法律の認めたる原因《げんいん》あるにあらされは之を廢罷《はいひ》することを得さるなり

單純《たんじやん》の贈與《ぞうよ》とは單《たん》に自已《じこ》の財產を贈與するを云ひ有期の贈與とは期限を定めて贈與するを云ひ條件附《でうけんふ》の贈與とは汝若し東京《とうきやう》ゑ行かはと云ふか如き又我妹《わがいもうと》と結婚《けつこん》せされはと云ふか如き條件を附して贈與す

妨碍　サマタケ
追奪　ウバフ
擔保　ヒキウケル即チウバヘレタルトキハソノソンシツヲツクナフコト
隨意　コヽロノマヽ

るを云ふなり

第三百五十一條　贈與《そうよ》者《しや》は贈與物の妨碍《ばうがい》及ひ追奪《ついだつ》を擔《たん》保せす但其贈與以後《いご》に係《かゝ》る贈與《そうよ》者《しや》の所爲より生したる妨碍《ばうがい》及ひ追奪《ついだつ》は此限《げん》に在らす

㊟贈與《ぞうよ》者《しや》は贈與物の妨碍《ばうき》及ひ追奪を擔保《たんほ》せさるなり但其贈與《ぞうよ》以後《いど》に係《かゝ》る贈與者の所爲《しよい》より生したる妨碍《ばうき》及ひ追奪《ついだつ》は此限にあらすとす

第三百五十二條　遺贈《いぞう》とは當事者《とうじしや》の一方か他の一方に無償《むしやう》にて自巳《じこ》の財産を遺言《いげん》に因りて死亡《しぼう》の時に移轉する行爲《とうい》を謂ふ

遺贈は遺言者隨意《ずいい》に之を廢罷《はいひ》することを得

㊟本條は遺贈《いぞう》の定義《ていぎ》を定めたるものなり

遺贈とは當事《たうじ》者《しや》の一方か他の一方に無償《むしよう》にて自己《じと》の財産を遺言に因りて死亡の時に移轉《いてん》する行爲を謂ふなり

不能　人ノデキナイコト
不法　キソクニソムクコト

遺贈《いぞう》は遺言者《いげんしや》隨意《ずいい》に之を廢能《はいひ》することを得るなり

第三百五十三條　遺言書中《いげんしよちゆ》に存する不能《ふのう》又は不法《ふはふ》の條件は之を記せさるものと看做《みな》す

贈與書中に不能又は不法の條件あるときは其《その》贈與《ぞうよ》を無《む》效《こう》と爲す

㊟遺言書中《いごんしよちう》に存《そん》する不能《ふのう》又は不法《ふはふ》の條件は之を記《き》せさるものと看做《みな》すなり

不能《ふのう》の條件《でうけん》とは到底能《とうていあた》はさることを云ふ例令は大山を挾んで北海を越ゆれはと云ふか如き卽ち然り

不法の條件とは法律《はうりつ》に背《そむ》きたる條件を云ふ例令は甲、乙を毒殺せはと云ふか如き卽ち然り

遺言書中に右不法又は不能の條件《でうけん》あるときは其條件の記せざるものと看做し他は皆有効《いうかう》なりとす例は遺言書中に汝若し乙者を毆打《おうだ》せは

收受《ウケル》
特ニ《ベツダンニ》

千圓を遺贈《いぞう》するヿとあるときの如き塲合又は千圓を遺贈《いぞう》すべしとより外記載《きさい》なきものと看做すなり
贈與書中に不能又は不法の條件《でうけん》あるときは其贈與の全部《ぜんぶ》を無効とするなり
右二者の差異《さい》ある所以は一は死亡せんとするときの贈與にして一は生存中《せいぞんちう》の贈與なるか故なり即ち死亡後は遺言を改むることを得されとも生存者は之を改《あらた》むることを得るなり

第一節　贈與又は遺贈を爲し又は收受《しうじう》する能力《のうりよく》とも

第三百五十四條　法律上特《とく》に無能力者《むのうりよくしや》と定めたる者を除く外何人に限らす贈與《ぞうよ》及ひ遺贈《いぞう》を爲し又は收受する能力を有す

註 法律上特《はふりつじやうとく》に無能力者《むのうりよくしや》と定《さだ》めたる者を除くの外何人に限らす贈與及ひ遺贈《いぞう》を爲し又は收受する能力を有するなり

喪心　コヽロヲウシナフ
禁治産者　ミツカラザイサンヲサムルコトヲキンゼラレタル者
瘋癲　キチガイ
未成年者　二十歳未満ノモノ

第三百五十五條　左に掲くる者は贈與《ぞうよ》を爲す能力《のうりよく》を有せす

第一　贈與《ぞうよ》を爲す時に於て喪心《もしん》したる者
第二　禁治産者《きんじさんしや》
第三　瘋癲《ふうてん》の爲め病院《びやういん》又は監置《かんち》に在る者
第四　未成年者《みせいねんしや》但夫婦財産《ふうふざいさん》契約《けいやく》の爲め法律の特に許す場合は例外《れいがい》とす

㊟左に掲《かい》くる者は贈與《ぞうよ》を爲す能力《のうりよく》を有せさるなり
第一　贈與を爲す時に於て病氣の爲めなると其他の原因とを問はすも喪心したる者
第二　禁治産者《きんじさんしや》
第三　瘋癲《ふうてん》の爲め病院《びやういん》又は監置《かんち》に在る者
第四　未成年者《みせいねんしや》但夫婦財産契約《けいやく》乃爲め法律の特に許す場合《ばあひ》は例外

なり

第一の者へ良心《りやうしん》を失ふたるものなるか故に完全《かんぜん》の承諾《しようだく》を與ふるの能力なく第二第三の者は財産を處分《しよぶん》するの能力なく第四の者亦完全《ぜん》の承諾を與ふるの能力なきものなり故に之等《これら》贈與《ぞうよ》を爲すことを得すと定めたり

第三百五十六條　准禁治産者《じゆんきんちさんしや》は財産讓渡《ゆづりわたし》の爲め法律の要する方式《ほうしき》に從ぬに非されは贈與を爲すことを得ず

(註)准禁治産者《じゆんきんちさんしや》は財産讓渡《じやうど》の爲め法律の要する方式《はうしき》に從ふにあらされは贈與を爲すことを得さるなり

准禁治産者のことは人事篇第十二章第二節に定めあり

第三百五十七條　左に掲くる者は遺贈《いぞう》を爲す能力《のうりよく》を有せす

第一　遺贈《いそう》を爲す時に於て喪心《そうしん》したる者

普通　アタリマヘノ
具備　ソナハル
公正証書　公吏ノ記載シタルモノ
習慣　ナラハシ

第二　民事上《みんじじやう》の禁治産者《きんぢさんしや》
第三　瘋癲《ふうてん》の爲め病院《びやういん》又は監置《かんち》に在る者
第四　未成年者《みせいねんしや》但自治産者《じちさんしや》は此限に在らす
(註)本條に掲《かゝ》くる第一より第四までの者は遺言《いごん》に因てする贈與《ぞうよ》をなすことを得さるなり

第二節　贈與《ぞうよ》

第一款　贈與《ぞうよ》の方式《はうしき》

第三百五十八條　贈與は分家《ぶんけ》の爲めにするもの或は其他の原因《げんいん》の爲めにするものとを問はす普通《ふつう》の合意の成《せい》立《りつ》に必要なる條件を具備《ぐび》する外尚ほ公正證書《こうせいしようしよ》を以てするに非されは成立せす
然れとも慣習《くわんしふ》の贈物及ひ單一《たんいつ》の手《て》渡《わたし》に成る贈與に付ては此方式を要せす

現有 ゲンニアル
包含 フクム

註 贈與《そうよ》は分家《ぶんけ》の爲めにするものと其他の原因《げんいん》の爲めにするものとを問はす普通《ふつう》の合意の成立《せいりつ》に必要《ひつよう》なる條件を具備《ぐび》する外尚ほ公正證書を以てするにあらされは成立せさるものなり即ち承諾能力等一般の合意の完全に必要なる條件を具備するも公正證書を以てするにあらされは贈與は無効《むかう》なり

然れとも慣習《くわんしふ》の贈物及ひ單一の手渡《てわたり》に或る贈與に付ては此方式《はうしき》を要《えう》せさるなり若《も》し然らすとせは筆《ふで》一本を贈與するにも公正證書《こうせいしようしよ》を作らさるへからさるの不便《ふべん》あるなり

第三百五十九條　贈與《そうよ》は贈與者の現有《げんゆう》の財產のみを包《はう》含《がん》し若し將來《しやうらい》の財產を包含したるときは其財產に付ては贈與は無效《むかう》とす
然れとも數額《たうがく》の定まりたる金錢《きんせん》又は定量物《ていりやうぶつ》の贈與は贈與者の現有《げんゆう》すると否《いなや》とを問はす有效とす

存在《アル》
包含《フクム》

註贈與《ぞうよ》は贈與者の現に所有《しよいう》しつゝある財産に付ては効力を有すれとも將來得へき財産を包含《はうがん》したるときは其財産に付ては贈與の効なきものとす

然れとも數額の定まりたる金錢又は定量物《ていりやうぶつ》の贈與は贈與者の現に所有したると否とを問はす有効なりとす

定量物とは金幾圓《きんいくゑん》、米幾石《こめいくこく》、布幾反《ぬのいくたん》と云ふか如き數量尺度《たうりやうせきど》を以て算ふる物を謂ふなり

第三百六十條　贈與の性質《せいしつ》又は諾約《だくやく》に因りて受贈者か贈與者の債務《さいむ》を辨濟《べんさい》する義務《ぎむ》を負ひたるときは其義務は贈與の時既に存在《そんざい》したる債務《さいむ》に非されは包含《はうがん》せ
ず
受贈者か贈與者の將來《しやうらい》の債務を辨濟す可きの諾約を爲したるときは其諾約は無效とす

解除トキノ
ゾク合意者外
第三者ノモノ

㊟贈與の性質《せいしつ》又は諾約《だくやく》に因りて受贈者か贈與者の債務を辨濟《べんさい》する義務を負ひたるときは其義務《ぎむ》は贈與の時既《すで》に存在したる債務《さいむ》にあらされは包含せさるものなり

㊟受贈者か贈與者の將來の債務を辨濟すへきの諾約《だくやく》を爲したるときは其諾約は無効《むかう》とせるなり

第三百六十一條　贈與者《ぞうよしや》は自己《じこ》の利益《りえき》に於てするに非されは自己《じこ》に先たちて受贈者か死亡するとき其贈與を解除《かいぢよ》す可き條件を要約《えうやく》することを得す
若し贈與者《ぞうよしや》か其相續人又は第三者の利益《りゑき》に於て此解除《このかいぢよ》條件を要約《えうやく》したるときは其條件は無效《むかう》とす

㊟贈與者《ぞうよ》は自已の利益に於てせるにあらされは自己《じこ》に先《さきだ》ちて受贈者《じゆぞうしや》の死亡《しばう》するとき其贈與を解除《かいぢよ》すへき條件を要約《えうやく》する事を得さるなり
若し贈與者か相續人又は第三者の利益《りゑき》に於て此解除條件《このかいぢよでうけん》を要約した

規定サタメ
解除トキノゾク
具備ソナハル
返還カヘス

るときは其條件《でうけん》は無効《むかう》なり

第三百六十二條　前條第一項の規定《きてい》に從ひて有效《いうかう》に要《よう》約《やく》したる解除《かいじよ》條件《じようけん》の成就は受贈者の相續人に對すると第三者に對するとを問はす普通《ふつう》の合意《ごうい》に於て要約したる解除條件と同一の效力《かうりよく》を生す

然れとも受贈者の婦《ふ》は解除《かいじよ》に拘はらす左の二箇の條《じよう》件《けん》具備せるときは贈與財産に付き法律上の抵當權《ていとうけん》を保有《ほゆう》す

第一　贈與か夫婦財産契約《ふうふざいさんけいやく》を以て夫《をつと》の爲め爲されたるものなるとき

第二　贈與財産の外《ほか》なる夫の財産を以て婦の特有《とくゆう》財産の返還《へんくわん》を擔保《たんぽ》するに足らさるとき

(註)前條第一項の規定に從ひて有効に要約したる解除條件《かいじよじようけん》の成就を受

不履行　フミチコナハズ

廢罷　ヤメル

贈者の、相續人に對《たい》すると第三者に對するとを問はす普通の合意に於て要約《ようやく》したる解除條件と同一の効力を生するものなり

然れとも受贈者《じゆぞうしや》の婦は解除に拘はらす左乃二箇の條件具備《ぐび》するときは贈與財産に付き法律上の抵當權《ていとうけん》を保有《ほいう》す

第一　贈與の夫婦《ふうふ》財産契約《さいさんけいやく》を以て夫の爲《た》め爲《な》されたるものなるとき

第二　贈與財産の外なる夫の財産《ざいさん》を以て婦の特有財産の返還《へんくわん》を擔《たん》保《ぽ》するに足らさるとき

第二款　贈與《ぞうよ》の廢罷《はいひ》

第三百六十三條　贈與は合意《がうい》を無效と爲す普通の原因《げんいん》の外《ほか》尚《な》ほ贈與者の要約《ようやく》したる條件の不履行《ふりかう》の爲め之を廢罷《はいひ》することを得

(註)贈與は合意を無効と爲す普通の原因の外尚は贈與者乃要約したる

第三者　當事者外ノモノ

條件の不履行の爲め之を廢罷することを得るなり
例へは汝若し我か妹と結婚《けつこん》とせは我家《わがいへ》を贈與すへしと約《やく》したる場合に於て汝若し我か妹と結婚せさりしときは我の爲したる贈與合意を廢罷《はいひ》することを得るなり

第三百六十四條　條件の不履行に基く贈與《ぞうよ》の廢罷《はいひ》は贈與者又は其承繼人《しようけいにん》より之を請求することを得

註 條件の不履行《ふりとう》に基く贈與の廢罷は贈與者又は其承繼人より之を請求することを得るなり

第三百六十五條　條件の不履行《ふりとう》に基《もとつ》き贈與を廢罷したる場合に於ては受贈者《じうぞうしや》に對すると第三者に對するとを問はす未必《みひつ》條件の成就《せいじゆう》に因りて合意を解除したるときと同一の效力を生す

註 條件の不履行に基き贈與を廢罷《はいひ》したる場合に於ては受贈者に對

未成年 二十歳未滿ノモノ
許諾 ユルシ
隨意 コヽロノマヽ
廢罷 ヤメル

するを第三者に對せるとを問はす未必條件の成就《せいじゆう》に因りて合意を解《かい》除《じよ》したるときは同一の効力を生するなり

第三節　夫婦《ふうふ》間《かん》の贈與《ぞうよ》の特例《とくれい》

第三百六十六條　未成年《みせいねん》の夫又は婦は婚姻《こんいん》の許諾《きよだく》を與ふ可き人の許諾及ひ立會《たちあい》を得且夫婦財産契約を以てするに非されは贈與を爲すことを得す

㊟未成年の夫又は婦は婚姻の許諾を與ふへき人の許諾及ひ立會を得且夫婦財産契約を以てするにあらされは贈與を爲すことを得さるなり

第三百六十七條　夫婦《ふうふ》間《かん》の贈與《ぞうよ》は何等の約款《やくかん》あるに拘はらす婚姻中贈與者隨意《ずいい》に之を廢罷《はいひ》することを得贈與《ぞうよ》の廢罷は第三者に對して效力を有せす但贈與の登記《とき》よ廢罷《はいひ》の訴状《そじやう》を附記《ふき》したる後に受贈者の遺産所《いさんしよ》

自筆ノ証書 ジブンテカキタル証文
遺言 死亡セントスルトキニイヒノコスコト

持者《ぢしや》より贈與財産に付き物權《ぶつけん》を取得《しとく》したる第三者に對しては此限に在らす

㊟夫婦間の贈與は約款《やくくわん》を以て贈與を廢罷《はいひ》せすと定むるも又は罰則を定むるも婚姻中贈與者隨意《ずいい》に之を廢罷《はいひ》することを得るなり贈與の廢罷は第三者に對しては効力を有せす然れとも贈與の登記《とうき》に廢罷の訴狀を附記《ふき》したる後に受贈者の遺産《いさん》所持者より贈與財産に付き物權を取得《しとく》したる第三者に對しては此限にあらさるなり

第四節《ぜつ》 遺贈《いそう》

第一款《くわん》 遺言《いげん》の方式《はうしき》

第三百六十八條　遺言《いげん》は遺言者の自筆《じしつ》の證書《しようしよ》、公正證書《こうせいしようしよ》又は祕密《ひみつ》の方式《はうしき》に依りて之を爲すことを得

然れとも二人以上の人は一箇《いつこ》の證書を以て遺言を爲すことを得す

捺印　インヲヲス

旨趣　ムネ

口授　クチデイフコト

朗讀　ヨミアゲル

（註）遺言は遺言者乃自筆の証書ハ公正証書又は祕密の方式に依りて之を爲すことを得るなり

然れとも二人以上の人は一个れ証書を以て遺言を爲すことを得さるなり

第三百六十九條　自筆《じしつ》の遺言書は遺言者か其全文《そのぜんぶん》、日附《ひづけ》及ひ氏名《しめい》を自書《じしよ》して捺印《だついん》したるに非されは其效を有せす

（註）自筆の遺言書は遺言者《いげんしや》か其全文、日附及ひ氏名を自書《じしよ》して捺印《あついん》したるにあらされは其効を有せさるなり

第三百七十條　公正證書《こうせいしやうしよ》に依る遺言は公證人《こうしやうにん》一人及ひ證人二人の前に於て遺言者か遺言の旨趣《ししゆ》を口授《こうじゆ》し公證人之を筆記《ひつき》し朗讀《ろうどく》したる後遺言者及ひ證人各《おの〱》其氏名《しめい》を自書して捺印《だついん》したるに非されは其效を有せす

祕密　ヒソカニスル
自書　ジブンテカク
具備　ソナハル
捺印　インヲヲス

然れとも氏名を自書《じしよ》する能はさる者あるときは其《その》事《じ》由《ゆ》を證書に記載《きさい》するを以て足る

㊟公正証書に依る遺言《いげん》は公証人一人及ひ証人二人の前に於て遺言者か遺言の旨趣《しゝよゆ》を口授《こうじゆ》し公証人之を筆記し朗讀したる後遺言者《いげんしや》及ひ証人各其氏名を自書《じしよ》して捺印《だついん》しさるにあらされは其効を有せさるものなり

然れとも氏名を自書《じしよ》する能はさる者あるときは其事由《じこ》を証書に記載するを以て足《た》るなり

第三百七十一條　祕密《ひみつ》の方式に依る遺言《いげん》書は遺言者の自書したると他人の之を書したるとを問はす左の諸《しよ》件《けん》を具備《ぐび》するに非されは其效を有せす

第一　遺言者《いげんしや》か氏名《しめい》を自書して捺印《だついん》したること

第二　遺言書を封《ほう》して遺言者か之に封印《ほういん》したるこ

封印 フウジメニインチヲス
提出 サシイダス
陳述 ノベル
事由 ワケ
開封 フウチヒヨク
領收書 ウケトリカキ
授付 サヅケル

と
第三　遺言者か公證人《こうしやうにん》一人及ひ證人二人の前に封《ほう》書《しよ》を提出《ていしつ》して自巳の遺言書たる旨を陳述しあること
第四　公證人か遺言者の陳述《ちんじゆつ》と之を聴きたる日附《ひづけ》とを封紙《ほうし》に記して遺言者及ひ證人と共に各其氏名を自書して捺印したること但此場合に於て氏名を自書する能はさる證人あるときは公證人其《その》事由《じゆ》を封紙に記ずるを以て足《た》る
公證人《こうしようにん》は遺言者の死亡《しばう》の後其相續人の立會《たちあい》の上に非されは開封《かいほう》せさる旨《むね》を記しある領收書《りようしうしよ》を遺言者又は其《その》指定《してい》したる證人中《しようにんちう》の一人に授付《じゆふ》す可し
（註）祕密《ひみつ》の方式に依る遺言書は遺言者の自書《じしよ》したると他人の之を書し

さるとを問はす左の諸件を具備《ぐび》するにあらされは其効なきものとす

第一　遺言者か氏名を自書して捺印《だついん》したること

第二　遺言書《いげんしよ》を封《ふう》して遺言者之に封印《ふういん》したること

第三　遺言者か公証人一人及ひ証人二人の前に封書を提出《ていしゆつ》して自已の遺言書たる旨《むね》を陳述すること

第四　公証人か遺言者の陳述と之を聴《き》きたる日附《につぷ》とを封紙《ふうし》に記して遺言者及ひ証人と共に各其氏名を自書《じしよ》して捺印したること但此場合に於て氏名を自書《じしよ》する能はさる証人あるときは公証人其事由を封紙に記するを以て足るなり

公証人は遺言者の死亡の後其相續人の立會の上にあらされは開封せさる旨を記したる領收書《りようしゆうしよ》を遺言者又は其指定《してい》したる証人中の一人に授付《じゆふ》すへきなり

第三百七十二條　祕密《ひみつ》の方式《はうしき》に依る遺言《いげん》として有效《ゆうかう》な

遠征　トヲキトコロノイクサ
交戰中　タヽカイヂウ
合圍中　テキニカコマレテヲル

る爲め前條に定めたる條件に鈌《か》くるもの有りと雖も其《その》全文《ぜんぶん》、日附《ひづけ》及ひ氏名共に遺言者の自書《じしよ》に係るときは自筆の遺言書として有效とす

㊟祕密の方式に依る遺言《いげん》として有効なる爲め前條に定めたる條件に缺くるものありとも其全文、日附及ひ氏名共に遺言者の自書に係るときは自筆の遺言書《いげんしよ》としては其効あるものとす

第三百七十三條　受遺者《じゆいしや》、遺言に立會《たちあ》ふ公證人の筆生《ひつせい》其他普通《ふつう》の無能力《むのうりよく》者は證人と爲ることを得す

㊟遺言を受くる者、遺言に立會ふ公証人の筆生《ひつせい》其他普通の無能力者は前條の証人と爲ることを得さるなり

第二款　遺言《いげん》の特別《とくべつ》方式《はうしき》

第三百七十四條　軍人《ぐんじん》及ひ軍屬《ぐんぞく》にして遠征中《ゑんせいちゆう》に在る者又は内地《ないち》と雖も交戰中《かうせんちゆう》若くは合圍中《がうゐちゆう》に在る者は將校《しやうかう》

一人證人二人の補助《はじほ》を以て遺言書を作ることを得

註本條以下は遺言の特別の方式を定めたるものなり即ち公証人を立會はしむること能はざるときになる方式なり

軍人及び軍屬《ぐんぞく》にして遠征中に在る者又は內地と雖も交戰中《とうせんちう》若くは合《がつ》圍中《ゐちう》に在る者は將校一人証人二人の補助《ほじよ》を以て遺言書を作ることを得なり

第三百七十五條　遠征中《ゑんせいちやう》、交戰中又は合圍中に在る軍人及び軍屬にして疾病《しつぺい》又は傷痍《しようい》の爲め病院に在る者は其《その》院《いん》の醫官《いくわん》及び事務官《じむくわん》の補助《ほじよ》を以て遺言書を作ることを得

註遠征中、交戰中又は合圍中に在る軍人及び軍屬にして疾病又は傷《しよう》痍《い》の爲め病院に在る者は其院の醫官及び事務官の補助を以て遺言書を作ることを得るなり

交通ヒトノユキヽ
遮斷サヘキリタツ
航海ウミヽチユク
記載カキノセル

第三百七十六條　傳染病《でんせんびやう》の爲め行政處分《ぎやうせいしよぶん》を以て交通《かうつう》を遮斷《しやだん》したる地方《ちほう》に在る者は其疾病中《そのしつぺいちう》なると否とを問はす警察官《けいさつくわん》一人及ひ證人一人の補助《ほじよ》を以て遺言書を作ることを得

(註)傳染病の爲め行政處分を以て交通を遮斷《しやだん》せさる地方に在る者は其疾病中なると否とを問はす警察官一人及ひ証人一人の補助を以て遺言書を作ることを得るなり

第三百七十七條　航海中《かうかいちやう》に在る者は軍艦《ぐんくわん》に在ては將校《しやうかう》一人其他の船舶《せんはく》に在ては事務員《じむいん》一人及ひ證人二人の補助《ほじよ》を以て遺言書を作ることを得

(註)航海中に在る者は軍艦に在ては將校一人其他の船舶に在ては事務員一人及ひ証人二人の補助《ほじよ》を以て遺言書を作ることを得るなり

第三百七十八條　海上《かいじやう》にて遺言書を作りたるときは其《その》

捺印　インチチス

其地　即チ外國ニシテ自分ノ居ル所

旨《むね》を航海日誌《こうかいにつし》に記載す可し

㊟海上にて遺言書を作りたるときは其旨を航海日誌に記載《きさい》すへきものなり

第三百七十九條　本款《ほんくわん》の規定《きてい》に從ひて作りたる遺言書には遺言者《いげんしや》、代書者《だいしよしや》及ひ立會人《たちあいにん》各其氏名《そのしめい》を自書して捺《だつ》印《いん》す可し氏名を自書《じしよ》し又は捺印する能はさる者あるときは其事由《そのじゆう》を遺言書に記載するを以て足る

㊟本款の規定に從ひて作りたる遺言書には遺言者、代書者及ひ立會人各其氏名を自書して捺印《だついん》すへきものなり氏名を自書し又は捺印する能はさる者あるときは其事由を遺言書に記載すへきなり

第三百八十條　外國《がいこく》に在る日本人は第三百六十九條に定めたる自筆《じしつ》の方式《ほうしき》に依り又は其地に用ゆる公正《こうせい》の

登錄　カキノセル

包含　フクム

方式に從ひて遺言を爲すことを得

註 外國に在る日本人は第三百六十九條に定めたる自筆の方式に依り又は其地に用ゆる公正の方式に從ひて遺言《いげん》を爲すことを得るなり

第三百八十一條　外國《がいこく》に於て作りたる遺言書《いげんしよ》は自言者の日本國內《にほんこくない》に有する住所《ぢうしよ》の區裁判所の簿册《ぼさつ》に之を登《とう》錄《ろく》し若し住所の知れざるときは最終居所《さいしうきよしよ》の區裁判所の簿册に之を登錄したる後に非ざれは日本國內に在る財産《ざいさん》に付き其遺言執行《しつこう》することを得す

又其遺言書に日本國內に在る不動産《ふどうさん》の處分を包含《ほうがん》するときは其不動産所在地の區裁判所に登記を求めたる後に非されは第三者に對抗《たいこう》することを得す

註 外國に於て作りたる遺言書は遺言者の日本國內に有せる住所の區裁判所の簿册《ぼさつ》に之を登錄《とうろく》し若し住所の不分明なるときは最終居所の

貯存　タクハヘソンス
控除　ノゾク

區裁判所の簿冊に之を登錄したる後にあらされは日本國內に在る財產に付き其遺言を執行《しつとう》することを得さるなり

又其遺言書に日本國內に在る不動產の處分《しよぶん》を包含《はうがん》するときは其不動產所在地の區裁判所に登記を求めたる後にあらされは第三者に對抗《たいとう》することを得さるなり

第三百八十二條　日本《にほん》に在る外國人《がいこくにん》は日本の法律《はうりつ》に從ひ又は其本國《そのほんこく》の法律に從ひて遺言を爲すことを得

註日本に在る外國人は日本の法律に從ひ又は其本國の法律に從ひて遺言を爲すことを得るなり

第三款　遺贈《いぞう》を爲すことを得る財產《ざいさん》の部分《ぶぶん》

第三百八十三條　遺贈《いぞう》を爲すことを得る財產と相續人《さうぞくにん》に貯存《ちよぞん》す可き財產中の部分《ぶぶん》を定むるには家督《かとく》相續《さうぞく》の特權を組成《しきせい》するものを控除《こうじよ》す

半額	ナカバノアタイ
不確實	フタシカ
査定	シラベサタムル
超過	コヘスキル

註遺贈を爲すことを得る財產と相續人に貯存すへき財產との部分を定むるには家督相續の特權《とくけん》を組成するものを控除せへきなり

第三百八十四條　法定《ほうてい》家督《かとく》相續人《そうぞくにん》あるときは被相續人《ひそうぞくにん》は相續財產の半額《はんがく》まてに非されは他人《たにん》の爲め遺贈《いぞう》を爲すことを得す

家族《かぞく》の遺產《いさん》を相續する卑屬親《ひぞくしん》あるときも亦同し

註法定家督相續人あるときは被相續人は相續財產の半額《はんがく》まてにあらされは他人の爲め遺贈を爲すことを得さるなり

家族の遺產を相續せる卑屬親《ひぞくしん》あるときも亦同し

第三百八十五條　用益權《ようえきけん》の如き其存立時間《そのそんりつじかん》の不確實《ふかくじつ》なる權利《けんり》は相續《そうぞく》の時に於ける價額《かがく》を查定《さてい》して遺贈《いぞう》を爲すことを得る部分《ぶぶん》を定む

其權利《そのけんり》の價額《かがく》か遺贈を爲すことを得る部分を超過《ちようか》す

履行　ヲコナフ
超過　コヘスキル
減殺　ケンスル

るときは相續人は或は被相續人《ひそうぞくにん》の遺贈を履行《りかう》し或は遺贈を爲すことを得る部分の完全《かんぜん》なる所有權《しよいうけん》を與へて其權利《そのけんり》を受戻《うけもど》すことを得

㊟用益權の如き其存立時間の不確實《ふかくじつ》なる權利は相續の時に於ける價額を査定して遺贈を爲すことを得る部分を定むるなり

其權利の價額か遺贈《いぞう》を爲すことを得る部分を超過《ちやうくわ》するときは相續人は或は被相續人の遺贈を履行《りかう》し或は遺贈を爲すことを得る部分の完全なる所有權を與ふへき其權利を受戻《うけもと》すことを得るなり

用益權は終身を限度とするものなるか故に生命の長短によりて存立時間に長短あるなり之れ本條に用益權《ようえきけん》の如き云々とある所以なり

第三百八十六條　遺贈《いぞう》を爲すことを得る部分《ぶぶん》を超過《ちやうくわ》する遺贈《いぞう》は之を其部分まてに減殺《げんさう》す

㊟遺贈を爲すことを得る部分を超過する遺贈《いぞう》は之を其部分まてに減

評價額　ミツモリタルアタイノタカ
控除　サシヒク
剩餘額　アマリノタカ
算定　カゾヘル

殺すへきなり

第三百八十七條　減殺《げんさつ》す可き分量《ぶんりやう》は相續の時に現存《げんぞん》する總《そべ》ての財産《ざいさん》の評價《ひやうか》額《がく》より被相續人の債務《さいむ》額《がく》を控除《とうじよ》したる剩餘《じようよ》額《がく》に付き之を算定《さんてい》す

㊟減殺す可き分量は相續の時に現存せる總ての財産の評價額より被相續人の債務額を控除去さる剩餘《じよよ》額《がく》に付き之を算定《さんてい》すへきなり

茲に土地《とち》、家屋《かおく》其他《そのた》數多《あまた》の財産を所有するもありて其幾分を遺贈するとせんか法定家督相續人あるときは其の半ばまでの外遺贈することを得さるか故に幾千を以て其半ばとするやを定むるの必要あるべし此時には相續の時に現存せる凡ての財産を評價《ひやうか》せさるへからす凡ての財産を價に見積《みつも》りて一万圓ありとせんか先つ此内より被相續人の負債額を除《のぞ》くへきなり其負債高千圓ありとみれば一万圓の内より千圓を引き去り殘り九千圓を二つに分ては四千五百圓となる此時ヌは被相續人は五千圓を他ヌ遺贈《いそう》することを得す即ち法定相續人あるときには其財産の半額は是非とも法定《ほうてい》相續人に相續せしめばあらぬなり故ヌ若し被相續人に於て五千圓を他に遺贈したるときは四千五百圓ヌて減殺すへきものなり

貯存《タクハヘ》《テチク》

第三百八十八條　遺贈は幾分《いくぶん》を減殺《げんさつ》して貯存《ちよそん》す可き財《ざい》産《さん》の分量《ぶんりやう》を組成《そせい》す可きときは包括《はうかつ》の遺贈と特定《とくてい》の遺贈とを問はす其《その》價額《かがく》の割合《わりあい》を以て總《そう》ての遺贈を減殺す可し

㊟遺贈の幾分を減殺して貯存《ちよぞん》すへき財産の分量を組成すへきときは包括の遺贈と特定《とくてい》の遺贈とを問はす其價額の割合《わりあい》を以て遺贈を減殺すへきなり

例へは一万圓の財産の内三千圓を甲に遺贈《いそう》し五千圓を乙に遺贈したりとせんヌ法定相續人の得る財産は二千圓の外あらす斯くては法律

の規定に背く故甲、乙二人乃受けし額より減して法定相續人の額ヌ加へ法定相續人の財産評價額を是非五千圓となさゞるゝからす而して此時には甲、乙の受けし財産《さいさん》の價額《かかく》の割合《わりあい》を以て減殺すへく甲一人又は乙一人より三千圓を減殺《げんさつ》することを能はさるなり本例にされは甲より千百二十五圓を出して乙より千八百七十五圓を出さへきなり

包括の遺贈とは凡ての動産、凡ての不動産、又は財産の三分の一を遺贈すると云ふか如きを云ひ特定《とくてい》の遺贈とハの此家此硯を云ふか如く特に定めたる遺贈を云ふ

第三百八十九條　總《すべ》て贈與《ぞうよ》にして贈與者《ぞうよしや》の死亡《しぼう》の後執《しつ》行《こう》す可きものは遺贈《いぞう》と其《その》效力《こうりよく》を同ふを

㊟總て贈與にして贈與者の死亡の後執行すへきものは遺贈と其効力を同ふするなり

包含　フクム
移轉　ウツス
成就如何　ナルトナラサルト
代替物　カヘルコトヲウルモノ
拋棄　ステル

第四款《くわん》　遺言《いげん》の效力《こうりよく》及ひ執行《しつかう》

第三百九十條　單純《たんじゆん》又は有期《いうき》の遺贈《いぞう》は遺言者《いげんしや》の死亡《しばう》の時より受遺者の知ると否とを問はす包括《はうかつ》の遺贈に付ては其包含する財産《ざいさん》及ひ債務《さいむ》を受遺者《じゆいしや》に移轉《いてん》し特定《とくてい》の遺贈に付ては其遺贈物の權利《けんり》を受遺者に移轉す然れとも有期《いうき》の遺贈は滿期《まんき》に至るまて其執行《そのしつかう》を止《や》む停止《ていし》又は解除《かいじよ》の條件附《でうけんつき》に於ける遺贈の效力《こうりよく》は合意《がうい》の事項《じかう》に關《くわん》して規定《きてい》したる如く其條件の成就《せいじゆ》如何《いかん》に從ふ

遺贈の目的物《もくてきぶつ》か代替物《だいがへぶつ》なるときは其所有權《そのしよいうけん》は財産編第三百三十二條の規定に從ひて移轉す

如何《いかん》なる場合《ばあい》に於ても受遺者は遺贈を拋棄《はうき》することを得

(註)單純又は有期の遺贈は遺言者の死亡の時より受遺者の已れに遺贈せられたることを知ると否とを問はす包括の遺贈に付ては其包含する財産及ひ債務を受遺者に移轉し特定の遺贈に付ては其遺贈物の權利を受遺者に移轉す然れとも有期の遺贈は滿期に至るまて其執行を止むるなり

停止又は解除の條件附に於ける遺贈の効力は合意の事項に關して規定したる如く其條件の成就如何に從ふへきものなり

遺贈の目的物か代替物なるときは其所有權は財産編第三百三十二條の規定に從ひて移轉するなり

如何なる場合に於ても受遺者は遺贈を拋棄することを得るなり

停止の條件に於ける遺贈とは例へは佛船若し十一月一日に神戸港に到着せは家屋を遺贈すへしと云ふか如く其義務の發生を停止するを云ふ

不分ノ權利《ワカツヘカラサルケンリ》
要求《モトムル》
果實　遺贈物ヨリ生スル入額
收受《ヲサメウケル》

解除の條件に於ある遺贈とは例へば我れ汝に我か家屋《かをく》を遺贈すへき然れとも若し汝の妻十一月一日までに東京より來らされは之を解除すへしと云ふの如く其義務《そのぎむ》の消滅《しようめつ》を停止するものを云ふ代替物とは當事者《とうじしや》の意思《いし》又は法律の規定に因り同種《どうしゆ》の物を以て代ふることを得るものを云ふ

第三百九十一條　遺言者《いげんしや》か不分《ふぶん》の權有《けんり》を有する物を遺《い》贈《ぞう》したるときは受遺者《じいしや》は遺言者と同一《どういつ》なる權利を取《とり》得《え》す

㊟遺言者の不分の權利を有する物を遺贈したるときは受遺者は遺言者と同一なる權利を取得《しとく》するものなり

第三百九十二條　受遺者《じゆいしや》は遺贈物《いぞうぶつ》の引渡《ひきわたし》を要求《ようきう》しある時より後に非されは遺贈物の果實《くわじつ》を收受《しうじゆ》する權利《けんり》を有せす但期限《きげん》の到來《とうらい》し又は未必《みひつ》條件の成就《せいじゆう》したること

隱祕 カクス

ことを要す

然れとも左の三箇《さんこ》の場合《ばあい》に於ては受遺者は遺言者の死亡《しぼう》、滿期《まんき》又は條件《じようけん》成就《せいしゆう》の時より要求を待たすして直ちに果實を收受する權利を有す

第一　遺言者か果實を收受する權利を明示《めいし》したるとき

第二　遺贈か養料《ようりよう》の性質《せいしつ》を有するとき

第三　相續人《そうぞくにん》か惡意《あくい》を以て遺言《いげん》を隱祕《いんぴ》したるとき

㊟受遺者は遺贈物《いぞうぶつ》の引渡を要求したる時より後にあらされは遺贈物の果實を收受する權利を有せす但期限の到來《とうらい》又は未必條件の成就したることを要するなり

然れとも左の三箇の場合に於ては受遺者は遺言者の死亡、滿期又は條件成就《せいしゆ》の時より要求を待たすして直ちに果實を收受《しゆうじゆ》する權利を有

當然ノ附從物　アタリマヘノツキモノ例ヘバ硯ト云ヘバ硯ノ蓋ノ如キモノハ當然ノ附從物ナリ

現狀　アリノマヽ

損毀　キツヽカケソンズル

賠償　ツクナイ

るなり

第一　遺言者か果實を收受する權利を明示《めいし》したるとき

第二　遺贈か養料《やうりよう》の性質を有したるとき

第三　相續人か惡意を以て遺言を隱祕《いんぴ》したるとき

第三百九十三條　遺贈物《いぞうぶつ》は其遺贈の單純《たんちゆん》なるときは當《とう》然《ぜん》の附從物《ふついぶつ》と共に遺言者か死亡《しぼう》の時に於ける現狀《げんじやう》にて之を引渡す可し其遺贈の有期《ゆうき》又は未必條件《みひつじようけん》附《つき》なるときは引渡を請求《せいきゆう》することを得へき時に於ける現狀《げんじやう》にて之を引渡《ひきわた》す可し

相續人《そうぞくにん》か遺贈物に加へたる改良《かいりよう》又は毀損《きそん》は相續人と受遺者との間相互《そうご》に賠償《ばいしやう》を請求《せいきゆう》する權利《けんり》を生す

解除《かいじよ》の未必條件を以て遺贈を爲したる場合《ばあい》に於て其條件の成就《せいしゆう》したるときは受遺者又は其相續人より遺

返還《カヘス》

取得《エタル》

贈物を現状にて返還す可し但人爲《じんい》に因る改良《かいりやう》又は毀損に付き雙方《さうほう》の間に於ける相互の賠償《はいしやう》を妨《さまた》けす

㊟遺贈物は其遺贈の單純《たんぢゆん》なるときは當然の附從物《ふじゆうぶつ》と共に遺言者の死亡の時に於ける現状にて之を引渡さへきなり其遺贈の有期又は未必條件附なるときは引渡を請求《せいきう》することを得へき時に於ける現状にて之を引渡すへきなり

相續人か遺贈物に加へたる改良又は毀損《きそん》は相續人と受遺者との間相互に賠償《ばいしやう》を請求する權利を生するなり

解除の未必條件を以て遺贈《いぞう》を爲しさる場合に於て其條件の成就したるときは受遺者《じゆいしや》又は其相續人より遺贈物を現状にて返還す可きなり但人爲に因る改良又は毀損《きそん》に付き雙方の間に於ける相互の賠償を妨けす

第三百九十四條　遺言者《いげんしや》か遺言の後に取得《しとく》したる土地

撿認　ミトムル

開封　フウジチヒラク

規定　サダメ

又は建物《たてもの》は遺贈の不動産《ふどうさん》に接着《せつちやく》し又は其不動産の利《り》用《よう》を改良《かいりやう》する爲めに供へたるものと雖も其《その》不動産《ふどうさん》の受遺者を利《り》せず

註 遺言者か遺言の後に取得《しとく》したる土地又は建物は遺贈の不動産に接著し又は其不動産の利用《りよう》を改良する爲めに供へたるものと雖も其不動産の受遺者を利せさるなり

第三百九十五條　遺言者は公正證書《こうせいしようしよ》を除く外相續地《さうぞくち》の區裁判所《くさいはんしよ》の撿認《けんにん》を得たる後に非されは之を執行《しつかう》することを得ず

封印《ふういん》ある遺言書は區裁判所に於てするに非されは開《かい》封《ふう》することを得す

前二項の規定《きてい》に違ふ者は百圓以下の過料《くわりやう》に處《しよ》す

註 遺言者は公正證書を除《のぞ》く外相續地の區裁判所の撿認《けんにん》を得たる後に

負擔 フチ

あらされは之を執行することを得さるなり
封印《ふういん》ある遺言書《いげんしよ》は區裁判所に於てするに非ざれば開封《かいふう》することを得さるなり
前二項の規定に違ふ者は百圓以下の過料に處せらるゝなり

第三百九十六條　遺言《いげん》の執行《しつこう》及ひ遺贈物《いぞうぶつ》の引渡に關《くわん》する費用《ひよう》は相續財産《そうぞくざいさん》の負擔《ふたん》とす但貯存《ちよぞん》財産に負擔《ふたん》せしむることを得

註 遺言の執行及ひ遺贈物の引渡に關《くわん》する費用は相續財産の負擔とす但貯存財産に負擔せしむるとを得さるなり

第三百九十七條　不動産物權《ふどうさんぶつけん》の遺贈《いぞう》は遺言者《いげんしや》の死亡の後受遺者《じゆいしや》か其遺贈を知りたる時より三十日内に之を登記《とき》したるに非されは遺言者の死亡の日に遡《さかのぼ》りて第三者に對抗《たいこう》することを得す

登記の費用《ひよう》は受遺者の負擔《ふたん》とす

㊟不動産物權の遺贈は遺言者《いげんしや》の死亡の後受遺者か其遺贈《いぞう》を知りたる時より三十日内に之を登記《とうき》したるにあらされは遺言者乃死亡の日に遡りて第三者に對抗《たいこう》することを得さるなり

登記《とうき》の費用《ひよう》は受遺者に於て負擔すへきものなり

第三百九十八條　遺言者《いげんじや》は合意《ごうい》又は遺言を以て遺贈《いぞう》の執行《しつこう》を一人又は數人《とうにん》に委託《いたく》することを得

遺言執行者《いげんしつこうしや》は代理人《だいりにん》の普通義務《ふつうぎむ》に服《ふく》す

㊟遺言者は合意又は遺言《いげん》を以て遺贈の執行を一人又は數人に委託することを得るなり

遺言執行者は代理人の普通義務《ふつうぎむ》に從ふべきものなり

第五款《かん》　遺言《いげん》の廢罷《はいひ》及《をよひ》ひ失效《しつこう》

第三百九十九條　遺言《いげん》は遺言者隨意《ぜい》に之を廢罷《はいひ》する

委託　タノム

廢罷　ヤメル

失効　コウチウシナフ

隨意　コヽロノマヽ

明示　アキラカニ
默　アンニ
記載　カキノセル
包含　フクム

ことを得廢罷は明示《めいし》又は默示《もくし》を以て之を爲すことを得

㊟遺言は遺言者隨意に之を廢罷《はいひ》することを得るなり而して廢罷は明示又は默示《もくし》を以て之を爲すことを得るなり

第四百條　遺言者《いげんしや》か遺言の方式《ほうしき》に從ひ遺言の全部《ぜんぶ》又は一分《いちぶ》を廢罷《はいひ》する意思《いし》を證書《しようしよ》に記載《きさい》したるときは其廢罷は明示《めいし》のものとす

㊟遺言者か遺言の方式《ほうしき》に從ふ遺言の全部又は一分を廢罷《はいひ》する意思を證書に記載《きさい》したるときは其廢罷は明示のものとするなり

第四百一條　後《のち》の遺言《いげん》を以て前《まへ》の遺言に包含《ほうがん》する特定《とくてい》物《ぶつ》を處分《しよぶん》したるときは其物に付ては前の遺言を默示《もくし》にて廢罷《はいひ》したるものとす

遺言者か生存中《せいぞんちう》遺言に包含《ほうがん》する特定物を有償《いうしよう》又は無《む》

不履行《ヲコナハス》

償《しやう》にて處分《しよぶん》したるときも亦同し

註後の遺言を以て前の遺言に包含する特定物を處分したるときは其物に付ては前遺言《いげん》を默示《もくし》にて廢罷したるものとするなり

遺言者か生存中遺言に包含《ほうがん》する特定物《とくていぶつ》を有償又は無償にて處分したるときも亦右と同一なり

特定物とは此家此馬と云ふか如く特《とく》に定まりたる物《もの》を云ふ

第四百二條　廢罷《はいひ》に歸《き》したる遺言は前條《ぜんじよう》の處分《しよぶん》の無效《むこう》と爲るときと雖も有效《ゆうこう》に復《ふく》せす

廢罷に歸したる遺言《いげん》は前條の處分の無効と爲るときと雖も有効に復せさるものなり

第四百三條　遺言《いげん》は受遺者《じゆいしや》の條件《ぢようけん》不履行《ふりこう》の爲め又は遺言者を死《し》に致《いた》したる原因《げんいん》の爲め相續人より廢罷《はいひ》を請《せい》求《きゆう》することを得

註遺言は受遺者の條件不履行《ふりこう》の爲め又は遺言者を死に致したる原因の爲め相續人より廢罷《はいひ》を請求することを得るなり

第四百四條　遺言《いげん》は方式上完全《はうしきじやうくわんぜん》のものと雖も左の場合《ばあい》に於ては其效《そのかう》を失《うしな》ふ

第一　受遺者か遺言者より先《さき》に死亡《しばう》したるとき

第二　停止條件附《ていしじようけんつき》の遺言に付き其條件の成就前《せいじゆまへ》に受遺者の死亡したるとき

註遺言は方式上完全のものと雖も左に記する二个の場合に於ては其効を失ふものなり

第一　受遺者か遺言者より先に死亡したるとき

第二　停止條件附の遺言に付き其條件の成就《せいじゆ》前に受遺者の死亡したると

第四百五條　廢罷《はいひ》又は失效《しつこう》に歸《き》したる遺言の部分《ぶぶん》に付《つい》、

分割《ワケル》

ては曾《かつ》て遺言《いげん》あらさりしものと看做《みな》す但遺言者か明《めい》示《し》を以て其部分《そのぶぶん》を利得《りとく》す可き者を指定《してい》したるときは此限に在らす

註 廢罷《はいひ》又は失効に歸したる遺言の部分《ぶぶん》に付ては曾て遺言《いげん》あらさりしものと看做すなり然れとも遺言者か明示を以て其部分を利得すへき者を定指《してい》したるときは此限にあらさるなり

第五節《せつ》　包括《ほうかつ》の贈與《ぞうよ》又は遺贈《いぞう》に基《もとづ》く不分財産《ふぶんざいさん》の分《ぶん》割《わり》

第四百六條　包括《ほうかつ》の贈與《ぞうよ》又は遺贈《いぞう》を爲《な》したるに因《よ》り贈與者又は相續人《そうぞくにん》と受贈者《じゆぞうしや》又は受遺者《じゆいしや》との間に不分財《ふぶんざい》産《さん》を生《しやう》したるときは下の規定《きてい》に從ひ之を分割《ぶんかつ》す受贈者又は受遺者數人《たにん》あるときも亦同し

註 包括の贈與又は遺贈を爲したるに因り贈與者又は相續人と受贈者

要求モトムル

收益果實ヲサムル

又は受遺者こと の間に不分財産《ふぶんざいさん》を生したるときは下の規定に從ひ之を分割す受贈者又は受遺者《じゅいしゃ》數人《にん》あるときも亦同一なり

第一款《かん》　分割《ぶんかつ》

第四百七條　不分財産《ふぶんざいさん》の所有者《しょゆうしゃ》の各自《かくじ》は其財産の分割《ぶんかつ》を要求《ようきゅう》することを得但財産編第三十九條の規定《きてい》に從ひて分割《ぶんかつ》せさることを約《やく》しあるときは此限に在らす

㊟不分財産の所有者の各自は其財産の分割を要求することを得るなり然れとも財産編《ざいさんへん》第三十九條の定めに從ひて分割せさるとを約したるときは此限にあらさるなり

第四百八條　分割《ぶんかつ》は明示《めいし》を以て之を爲すことを要す財《ざい》産《さん》を區別《くべつ》して收益《しゅうえき》する事實《じじつ》は分割《ぶんかつ》とせす

㊟分割《ぶんかつ》は明示《めいし》を以て之を爲すことを要するなり財産を區別して收益する事實《じじつ》も分割にあらさるなり

未成年者、二十歳未満ノモノ
禁治産者　ザイサンヲヲサムルコトヲキンゼラレタルモノ
瘋癲　キツガイ

第四百九條　不分財產《ふぶんざいさん》の分割《ぶんかつ》は所有者各自《しよゆうしやかくじ》の合意《ごうい》を以て自由《じいう》に之を爲すことを得

然れども左の場合《ばあい》に於ては判裁《さいばん》を以てするに非されは其《その》分割《ぶんかつ》を爲すことを得す

第一　所有者《しよゆうしや》中に未成年者《みせいねんしや》、禁治産者《きんちさんしや》又は瘋癲者《ふうてんしや》ありて其後見人《そのこうけんにん》又は假管理人《かりかんりにん》あらさるとき

第二　所有者中《しよゆうしやちゆう》より不在者《ふざいしや》ありて有效《ゆうこう》に分割《ぶんかつ》を承諾《しようだく》する權限《けんげん》を有する合意《ごうい》上の代理人あらさるとき

第三　所有者中より合意《ごうい》上《じやう》の分割《ぶんかつ》を承諾《しようだく》せさる者あるとき

(註)不分財產の分割は所有者各自《かくじ》の合意を以て自由に之を爲すことを得るなり

然れども左の場合に於ては裁判《さいばん》を以てするに非されは其分割を爲す

ことを得さるなり

第一　所有者中に未成年者、禁治產者又は瘋癲者《ふうてんしや》ありて其後見人又は假管理《かりかんり》人《にん》あらさるとき

第二　所有者中に不在者《ふざいしや》ありて有効に分割《ぶんかつ》を承諾する權限を有する合意上の代理《だいり》人あらさるとき

第三　所有者中に合意上の分割を承諾せさる者あるとき

右の場合《ばあい》に裁判を要する所以は右等の者を權利《けんり》を保護《ほご》せんとするによる

第四百十條　裁判上《さいばんじやう》の分割《ぶんかつ》を要するときは相續地《そうぞくち》の區裁判所は相續人、債權者《さいけんしや》又は檢事《けんじ》の請求《せいきゆう》に因り封印《ふういん》を爲し及ひ目録《もくろく》を作《つく》らしむ可し

㊟裁判上の分割を要するときは相續地の區裁判所は相續人、債權者又は檢事の請求に因り封印を爲し及ひ目録《もくろく》を作らしむ可きなり

除去《ノゾキサル》
異議《コシヨウヲイフコト》
要求《モトムル》

第四百十一條　裁判上《さいばんじやう》の分割《ぶんかつ》を要《よう》せさるときと雖も債《さい》權者《けんしや》は區裁判所の許可《きよか》を得て封印《ほういん》及ひ目錄《もくろく》調製《ちやうせい》を請《せい》求《きう》することを得但執行力《たゞししつとうりよく》ある證書《しようしよ》を有するときは此《この》許可《きよか》を要せす

封印《ほういん》の除去《じよきよ》に付《つい》ては總ての債權者異議《いぎ》を述《の》ふることを得

㊟裁判上の分割を要せさるときと雖も債權者は區裁判所の許可を得て封印《ほういん》及ひ目録調製《もくろくちやうせい》を請求することを得るなり尤も執行力ある証書《しようしよ》を有するとき例へは公正証書を有するときの如きは此許可を要せさるものなり

封印の除去《じよきよ》に付ては總ての債權者異議《いぎ》を述ふることを得るなり

第四百十二條　所有者《しよゆうしや》の各自は不分財產《ふぶんざいさん》の現物《げんぶつ》にて其《その》部分《ぶぶん》の引渡《ひきわたし》を要求することを得但債權者《さいけんしや》其引渡を差《さし》押《おさ》へたるとき又は所有者の多數《たすう》を以て其《その》財產《ざいさん》の負擔《ふたん》

賣却　ウリハラウ

假定　カリニサダメタルモノ

する債務《さいむ》及ひ費用《ひよう》を豫《あらかじ》め辨濟《べんさい》する爲め賣却《ばいきやく》を必要《ひつよう》と決したるときは此限に在らす

註所有者の各自は不分財産の現物にて其部分《ぶぶん》の引渡を要求することを得るなり但債權者其引渡《ひきわたし》を差押へたるとき又は所有者の多數を以て其財産の負擔する債務《さいむ》及ひ費用を豫め辨濟する爲め賣却を必要と決したるときは此限に在らすとす

第四百十三條　未成年者《みせいねんしや》、禁治産者《きんぢさんしや》、瘋癲者《ふうてんしや》又は不在者《ふざいしや》の爲め定めたる規則《きそく》に違へる分割《ぶんかつ》を其者の利益に於てのみ假定《かりさだめ》のものとす

註未成年者、禁治産者、瘋癲者又は不在者の爲め定めたる規則に違へる分割は其者の利益《りえき》に於てのみ假定のものとす

第四百十四條　分割《ぶんかつ》の際利益《さいりえき》の相反《あいはん》する無能力者《むのうりよくしや》又は不在者《ふざいしや》の數人《すにん》あるときは其各自《そのかくじ》の爲め臨時保佐人《りんじほさにん》又

結了《ハテル》
領收《ウケヲサメル》
協議《サウダン》

は管理人《くわんりにん》を指定《してい》す可し

㊟分割の際利益の相反する無能力者又は不在者の數人あるときは其各自の爲め臨時保佐人《りんじほさにん》又は管理人を指定すへきなり

第四百十五條　分割《ぶんかつ》の結了《けつりやう》したるときは各所有者《かくしよいうしや》は其《その》領收《りやうしう》したる物の證書《しようしよ》を保有《ほいう》す所有者《しよいうしや》の總體《そうたい》又は數人《すにん》に分割《ぶんかつ》したる一箇《いつこ》の物の證書《しようしよ》は其最大の部分《ぶぶん》を領收《りやうしう》したる者之を保有《ほいう》す最大《さいだい》の部《ぶ》分《ぶん》を領收《りやうしう》したる者なきときは各所有者の協議《きやうぎ》を以て其《その》保有者《ほいうしや》を定む若し議《ぎ》協《あは》さるときは裁判所之を指《し》定《てい》す

何れの場合《ばあひ》に於ても證書《しようしよ》の保有者は他の所有者の求めに應《わう》して之を便用《べんよう》せしむ可し

㊟分割の結了したるときは各所有者は其領收《そのりやうしう》したる物の証書を保有

分擔《ワケニナフ》

すへきなり
所有者の總体又は數人に分割《ぶんかつ》したる一箇の物の証書は其最大の部分を領收したる者之を保有《ほゆう》すへく最大《さいだい》の部分を領收《りやうしう》したる者なきときは各所有者の協議を以て其保有者を定むへく若し協議とゝのはざるときは裁判所之を指定《してい》すへきなり
何れの場合《ばあい》に於ても証書の保有者は他の所有者の求めに應して之を使用せしむへきなり

第四百十六條　所有者《しよゆうしや》は各自《かくじ》に受くる部《ぶ》分《ぶん》の割合《わりあい》を以て債務《さいむ》を分《ぶん》擔《たん》す

註 所有者は各自に受くる部分の割合を以て債務を分擔すへきなり

第二款　分割《ぶんかつ》の效力《こうりよく》及ひ擔保《たんぽ》

第四百十七條　分割《ぶんかつ》の效力《こうりよく》に付ては第百五十五條の規《き》定《てい》を適用《てきよう》す

妨碍《サマタゲ》
追奪《ウバハレル》
免除《ユルシノゾク》
當時《ソノトキ》
限度《カキリノド》
銷除《ケシノゾク》

註 分割の効力に付ては第百五十五條の規定を適用するなり

第四百十八條　各所《かくしよ》有者《いうしや》は分割前《ぶんかつぜん》の原因に基《もとづ》き分割物の妨碍《ばうがい》及ひ追奪《はくだつ》に付き互に擔保《たんぽ》の責に任す但別段《べつだん》の合意を以て擔保《たんぽ》を免除《めんじよ》したるときは此限に在らす

註 各所有者は分割前の原因《げんいん》に基《もとづ》く分割物の妨碍及ひ追奪に付き互に擔保の責に任すへきものなり然れとも合意を以て擔保を免除しさるときは此限に在らすとす

第四百十九條　債權に付ては分割の當時《とうじ》に於ける債務者の資力《しりよく》の限度《げんど》迄てに非されは各所有者擔保の責《せき》に任せす

註 債權に付ては分割の當時に於ける債務者の資力の限度までにあらされは各所有者擔保《たんぽ》の責に任せさるものなり

第三款　分割《ぶんかつ》の銷除《しようじよ》

領收《ウケヲサメル》
缺損《ソンシツ》
査定《シラベサダメル》
價格《アタイノタカ》

第四百二十條　分割は財産編第三百四條以下に定めたる區《く》別《べつ》に從ひ不《ふ》成《せい》立《りつ》又は無效たる外尚ほ所《しよ》有《いう》者《しや》の一人か其領收《りようしゆう》したる部分に付き四分一以上の缺損《けつそん》を被ふりたるときは其缺《けつ》損《そん》の爲め之を銷除《しようじよ》することを得」缺損の査《さ》定《てい》ば分割の時に於ける物の價《か》格《かく》に從ひて之を爲《な》す可し

(註)分割は財産編第三百四條以下に定めたる區別に從ひ不成立又は無効たる外尚ほ所有者の一人か其領收《りようしゆう》したれ部分に付き四分一以上の缺損《けつそん》を被ふりたるときは其缺損の爲め之を銷除することを得るものなり之れ損失を以て合意《がうい》を取消ことを能はずとする原則の例外《れいぐわい》なりとす缺損の査定は分割の時に於ける物の價《か》格《かく》に從ひて之を爲すへきものなり

第四百二十一條　分割銷除の訴《そ》權《けん》は財産編第五百四十

變更　カヘル
夫婦財産契約　夫婦ノ間ニテスル財産ノヤクソク

四條以下に定めたる時效及ひ認諾《にんだく》よ因りて消滅す

註 分割消除の訴權《そけん》は財産第五百四十四條以下に定めたる時効及ひ認諾に因りて消滅《せうめつ》するなり

第十五章　夫婦《ふうふ》財産《ざいさん》契約《けいやく》

第一節　總則《そうそく》

註 總則は本章全体《ぜんたい》に關する規則《きそく》を定めたるものなり

第四百二十二條　夫婦財産契約は婚姻の儀式《ぎしき》前に之を爲し及ひ公證人をして其證書を作らしむるに非されは成立《せいりつ》せす

婚姻の儀式《ぎしき》後《ご》は契約を變更《へんかう》することを得す

註 夫婦財産契約は婚姻の儀式前《ぎしきぜん》に之を爲し及ひ公証人をして其証書を作らしむるにあらされは成立せさるものなり

婚姻の儀式後は其前に爲しさる契約《けいやく》を變更《へんかう》することを得さるものな

許諾 ユルシ
關係 カヽハリ
法定ノ制 ハフニサダメタル規則即チ第四百二十六條以下

り

第四百二十三條　婚姻を爲すことを得る未成年者《みせいねんしや》は婚《こん》姻《いん》の許諾《きよだく》を與ふ可き尊屬親叉は後見人の立會にて財《さい》產契約《さんけいやく》を爲すことを得

註 婚姻《こんいん》を爲すことを得る未成年者は婚姻の許諾《きよだく》を與ふへき尊屬親《そんぞくしん》叉は後見人の立會にて財產契約《ざいさんけいやく》を爲すことを得るなり
尊屬親とは自已《じこ》の出てたる親族《しんぞく》を謂ふ

第四百二十四條　財產契約を爲さすして婚姻を爲したるときは財產の關係は法定の制に從ふ

註 財產契約を爲さすして婚姻《こんいん》を爲したるときは財產の關係《くわんけい》は法定の制に從ふへきものなり

第四百二十五條　日本に於て財產契約《ざいさんけいやく》を爲さすして婚《こん》姻《いん》を爲したる外國人は夫たる者の本國に行はるゝ普《ふ》

入夫 イリムコ
果實 入額
勞力 ハタラキ
配偶者 夫婦ノ一方ノモノ

通《つう》の制《せい》に従ひたるものと看做《みな》す

註 日本に於て財産契約を為さすして婚姻を為したる外國人は夫たる者の本國に行はるゝ普通の制《せい》に従ひたるものと看做《みな》すなり

第二節　法定《はふてい》の制《せい》

第四百二十六條　婦《ふ》又は入夫《にうふ》か婚姻の儀式《ぎしき》の時に於て現《げん》に所有し又は將來《しやうらい》に所有す可き特有財産《とくいうざいさん》より婚姻中に生する果實《くわじつ》及ひ自己の勞力《らうりよく》に因りて婚姻中に得たる所得は婚姻中の費用分擔《ひようぶんたん》の為めに之を配偶者に供出《きやうしゆつ》したるものと看做《みな》す

註 婦又は入夫《にうふ》か婚姻の儀式の時に於て現に所有《しよいう》し又は將來に所有すへき特有財産より婚姻中に生する果實《くわじつ》及ひ自己の勞力《らうりよく》に因りて婚姻中に得さる所得は婚姻中の費用分擔《ぶんたん》の為めに之を配偶者に供出したるものと看做《みな》すなり

修繕《ツクロウ》

第四百二十七條　夫又は戸主《こしゆ》たる婦か配偶者《はいぐうしや》の特有財《とくいうざい》産《さん》に付て有する權利は用益者《ようえきしや》の權利に同し
又配偶者の特有財産《とくいうざいさん》に關《くわん》して收益を爲す夫又は戸主たる婦は用益者か負擔《ふたん》する修繕《しうぜん》其他收益を以て辨濟《べんさい》す可き義務を負ふ

註 夫又は戸主たる婦か配偶者の特有財産《とくいうざいさん》に付て有する權利は用益者の權利と同しきものなり
用益者とは所有權《しよいうけん》の他人に屬《ぞく》せる物に付き其用方《ようはう》に從ひ其元質本体《げんしつほんたい》を變《へん》するとなく有期《いうき》にて使用《しよう》及ひ收益《しうえき》を爲すものを云ふ用益者の權《けん》利《り》のことは財産編第四十九條以下に定めあり
又配偶者《はいぐうしや》の特有財産に關《くわん》して收益《しうえき》を爲す夫又は戸主たる婦《ふ》は用益者の負擔《ふたん》する修繕《しうぜん》其他收益を以て辨濟《べんさい》すへき義務を負ふものなり

第四百二十八條　夫又婦の特有財産《とくいうざいさん》入夫は戸主たる婦

擔保ニ供スル
抵當ニ差入ル、カ如キヲ云フ

の財産を管理《くわんり》す

註 夫は婦の特有財産入夫え戸主たる婦の財産を管理《くわんり》すへきなり

第四百二十九條　夫又は入夫は婦又は戸主《こしゆ》たる婦の承諾《しようだく》を得るに非されは婦の特有財産又は戸主たる婦の財産を譲渡《ゆづりわた》し又《また》は之を擔保《たんほ》に供することを得す但人事編第二百二十九條及ひ第二百七十五條の場合《ばあい》は此限に在らす

註 夫又は入夫は婦又は戸主たる婦の承諾《しようだく》を得たる上ならでは婦の特有財産又は戸主たる婦の財産を譲渡《ゆづりわた》し又は之を擔保《たんほ》例《たと》へは抵當等《ていとうとう》に供することを得さるなり但人事編第二百二十九條及ひ第二百七十五條の場合は此限にあらさるものとす

第四百三十條　入夫は戸主たる婦の承諾《しようだく》を得るに非されは婚姻中の所得《しよとく》を譲渡し又は之を擔保《たんほ》に供することを

勞力　ハタラキ
失當　ヨロシキヲエヌ
危險　アヤウシ

とを得るも但其特有財産より生する果實《くわじつ》及ひ自己の勞《ろう》力《りよく》に因りて得たる所得《しよとく》は此限に在らす

(註)入夫は戸主たる婦の承諾を得るに非されは婚姻中《こんいんちう》の所得《しよとく》を讓渡し又は之を擔保《たんぽ》に供することを得さるなり但其特有財産より生する果實及ひ自己の勞力に因りて得たる所得は此限に在らさるものとす

第四百三十一條　夫か婦の特有財産《とくいうざいさん》に付き入夫か戸主たる婦の財産に付き其承諾を得すして爲す賃貸借《ちんたいしやく》に關しては財産編第百十九條以下の規定《きてい》を適用《てきよう》す

(註)夫か婦の特有財産に付き入夫か戸主たる婦の財産《ざいさん》に付き其承諾を得すして爲す賃貸借に關《くわん》しては財産編第百十九條以下の規定を適用すへきなり

第四百三十二條　管理《くわんり》の失當《しつとう》に因り夫又は入夫か婦の特有財産《とくいうざいさん》又は戸主たる婦の財産を危險《きけん》に置くときは

債務《ギム》

婦又は戸主たる婦は自ら其財産を管理《くわんり》せんと請求《せいきう》することを得

註 管理の失當《しつたう》に因り夫又は入夫か婦の特有財産又は戸主たる婦の財産を危險《きけん》に置《お》くときは婦又は戸主たる婦は自ら其財産を管理せんと請求《もとむろ》することを得るなり

第四百三十三條　婦又は入夫《にうふ》か婚姻《こんいん》の儀式《ぎしき》の時に於て負《お》へる債務《さいむ》及ひ婚姻中《こんいんちう》に生する債務に付ては債權者は婦又は入夫の特有財産に對して權利《けんり》を行ふことを得

註 婦又は入夫か婚姻の儀式《ぎしき》の時に於て負へる債務及ひ婚姻中に生する債務《さいむ》に付ては債權者は婦又は入夫の特有財産に對して權利を行ふことを得るなり

第四百三十四條　婦の名《な》を以て生《せう》せしめたる債務《さいむ》に付

家事管理　イヘノコトヲトリアツカフ為メ
請求　モトムル

ては債權者は其債務か家事《かじ》管理《くわんり》の爲めに生したること
とを證するときに限り夫に對して其辨濟《べんさい》を請求する
ことを得
入《にう》夫《ふ》の名を以て生せしめたる債務《さいむ》に付ては債權者は
其債務の財産《ざいさん》管理《くわんり》の爲めに生したることを證するど
きに限り戸主たる婦に對して其辨濟を請求《せいきう》すること
を得

註婦の名を以て生せしめたる債務《さいむ》に付ては債權者は其債務か家事《かじ》管《くわん》理《り》の爲めに生したることを證するときに限り夫に對して其辨濟を請求することを得るなり
入夫の名を以て生せしめたる債務《さいむ》に付ては其債務の財産管理の爲めに生したることを證するときに限り戸主たる婦に對して其辨濟を請求することを得るなり

特有財産《トクイフスルザイサン》

第四百三十五條　婦《ふ》又は入夫《にうふ》の特有財産《とくいうさいさん》たることを證せざる財産は總《すべ》て夫又は戸主たる婦に屬《ぞく》するものと看做《みな》す

㊟婦又は入夫の特有財産たることを証せざる財産は總て夫又は戸主たる婦に屬《ぞく》するものと看做《みな》すなり

民法財産取得編註釋終

法學士 柳壽欽吾
山田正賢 同著

民法人事編註釋

大坂 圖書出版會社發兌

享有イウス
行使ヲコナウ

民法人事編註釋

柿崎欽吾
山田正賢　共著

○人事編《じんじへん》

第一章　私權《しけん》の享有《じゆんいう》及ひ行使《かうし》

㊟本章凡て六條私權《しけん》の享有及ひ行使のことを定《さだ》めたるものなり

第一條　凡そ人は私權《しけん》を享有《しゆんいう》し法律《はふりつ》に定《さだ》めたる無能力《むのうりよく》者《しや》に非さる限《かぎ》りは自ら其私權《しこん》を行使《かうし》することを得

㊟凡そ人は私權《しけん》を享有《じゆういう》し法律に定めたる無能力者《むのうりよくしや》にあらさる限りは自ら其私權を行使することを得るなり

享有と行使とは之を混同《こんどう》せさるを要《えう》す享有とは私權を有することにして行使とは私權を實行《じつかう》することなり而して私權は何人と雖も之を

胎内ノ子《マダウマレヌ子》

特別の規定《ベツダンノサタメ》

有するも實行は之をなす能《あた》はさるものあり法律《はふりつ》に定めたる無能力者即ち然り然れとも無能力者と雖も私權を有せさるにあらす只た之を實行することを得さるのみ

第二條　胎内《たいあい》の子と雖も其《その》利《り》益《ゑき》を保《ほ》護《ご》せるに付ては既《すで》に生《う》まれたる者と看《み》做《な》せ

㊟胎内《たいあい》乃子即ち未た出産《しゆつさん》せさる子と雖も其子の利《り》益《ゑき》を保《ほ》護《ご》せるに付ては既《すで》に出産したるものと看《み》做《な》せなり

第三條　私《し》權《けん》の行《かう》使《し》に關《くわん》する成《せい》年《ねん》は満《まん》二十年とす但法《はふ》律《りつ》に特別《とくべつ》の規《き》定《てい》あるときは此限《このかぎり》に在らす

㊟私權《しけん》の行使《かうし》に關せる成年《せいねん》は満二十年とするなり尤も法律に特別《とくべつ》め定めあるものは此限にあらずとす故に満二十年になれは成年にして未滿《みまん》は未成年即ち幼者なりとす

第四條　外國人《ぐわいこくにん》は法律又は條約《でうやく》に禁止《きんし》あるものを除く

認許　ミトメユルシ

外私權を享有《じゆんいう》す

㊟外國人は法律又は條約に禁止《きんし》あるものを除く外私權の享有せさるなり

第五條　法人《はうじん》は公私《こうし》を問《と》はす法律の認許《にんきよ》するに非されは成立《せいりつ》することを得す又法律の規定《きてい》に從ふに非されは私權を享有《じゆんいう》することを得す

㊟法人卽ち無形人《むけいにん》は公と私とを問《と》はす法律の認許《にんきよ》するにあらされは成立《せいりつ》することを得す又法律《はうりつ》の規定《きてい》に從ふにあらされは私權《しけん》を享有《じゆんいう》することを得さるなり

第六條　法律《はうりつ》は外國法人の成立《せいりつ》を認許《にんきよ》せす但條約又は特許《とくきよ》あるときは此限《このかぎり》に在らす
成立の認許《にんきよ》を得たる外國法人は日本に成立する同種《どうしゆ》の者と同一の私權を享有す但條約中又は特許中に其

制限カギル

權利を制限《せいげん》したるときは此限に在らす

註法律は外國法人の成立を認許せさるなり尤も條約又は特許あるときは此限に在らすとせ

成立の認許《にんきよ》を得たる外國法人は日本に成立せる同種《どうしゆ》の者と同一の私權を享有するなり但條約中《でうやくちう》又は特許中に其權利を制限したるとき此限にあらさとす

第二章　國民《こくみん》分限《ぶんげん》

註本章は第七條に始《はじ》まり第十八條に終る凡て十一條國民の分限《ぶんげん》のことを定めたるものなり

第一節　國民分限の取得《しゆとく》

第七條　日本人《にほんじん》の子は外國に於て生まれたるときと雖とも日本人とす父母《ふぼ》分限《ぶんげん》を異《こと》にするときは父の分限を以て子の分限を定む

選擇エラブ

父の知れさるときは子は母の分限に從ふ

父母共《とも》に知《し》れさるときは日本に於て生《う》まれたる子は日本人とす若し其出生地《しゆつせいち》の知れざるときは現《げん》に日本國内に在る者は日本人とす

㊟日本人の子は外國に於て生《う》まれたるときと雖も日本人なり父母分限を異にするときは父の分限《ぶんげん》を以て子の分限とするなり故に母外國人にして父日本人なるとたは其子は日本人なり父の知れさるときえ子は母の分限に從ふへきものなり父母共に知れさるときは日本に於て生《う》まれたる子は日本人とも又若し其出生の地の知れさるときは現に日本國内に在る者は日本人とするなり

第八條　左の場《よ》合《あひ》中《ちう》の一に在る子は日本人の分限を選《せん》擇《たく》することを得

喪失ワシナフ

第一　父か外國人たるも母の日本人たるとき

第二　外國人の子たるも日本に生まれたるとき

第三　日本人の分限を失ひたる者の子にして其分限喪失《そうしつ》の後に生まれたる者なるとき

第四　歸化人《きくわじん》の子にして成年者《せいねんしや》なるとき

註 左《さ》の場合《ばあひ》中の一に在るときは日本人の分限《ぶんげん》を選《えら》ぶことを得るものなり

第一　父か外國人たるも母《はゝ》の日本人たるとき

此場合に於ては前條第二項《とう》により其子は當然《たうぜん》外國人なり而《しか》も日本人の分限を選《えら》ぶことを許したるものは恩典と云ふべきなり

第二　外國人の子たるも日本に生《う》まれたるとき

第三　日本人の分限《ぶんげん》を失ひたる者の子にして其分限喪失《そうしつ》の後に生まれさる者なるとた

選擇《エラブ》

認知《ミトムル》

解消《トケテキヘル》

第四 歸化人《きくわじん》の子《こ》にして成年者《せいねんしや》なるとき

第九條 日本人の分限を選擇《せんたく》せんと欲する子は本國法律に從ひて成年《せいねん》に至りし時より一个年内に其意思《そのいし》を申述《しんじゆつ》し且其申述より一个年内に住所《じゆうしよ》を日本に定む可し

成年《せいねん》の後《のち》に至りて外國人の認知《にんち》したる私出子《ししゆつし》は認知《にんち》より又歸化人《きくわじん》の子は歸化《きくわ》より一个年内に右の申述《しんじゆつ》を爲すことを得

㊟日本人の分限《ぶんげん》を選《えら》ばんと欲する子は本國法律に從ひて成年《せいねん》に至りし時より一个年の内に其意思《いし》即《すなは》ち日本人たらんことを申述《まうしの》べ其申述したる時より一个年内に日本に住所《じうしよ》を定むべきなり

成年乃後《せいねんいのち》に至りて外國人の認知《にんち》したる私出子は認知より又歸化《きくわ》の子は歸化より一个年内に右の申述を爲すことを得るなり

〇八

歸化　外國人カ日本人トナルコト

第十條　日本人と婚姻《こんいん》する外國の女は日本人の分限《ぶんげん》を取得《しゆとく》し婚姻解消《かいせう》の後《のち》と雖とも其分限《ぶんげん》を保有《ほいう》す

註 日本人と婚姻《こんいん》する外國《ぐわいこく》の女は日本人の分限を取得《しゆとく》し婚姻解消の後と雖も其分限を保有《ほいう》するなり

第十一條　外國人《ぐわいこくにん》は歸化《きくわ》に因《よ》りて日本人の分限《ぶんげん》を取得《しゆとく》することを得其條件《でうけん》及ひ方式《はうしき》は特別法《とくべつはふ》を以て之を規定《きてい》す

歸化人《きくわじん》の婦及ひ未成年《みせいねん》の子は日本に住居《しゆうきよ》を定《さだ》めたるときは日本人の分限《ぶんげん》を取得す

註 外國人《くわいこくじん》は歸化に因りて日本人の分限を取得することを得るなり其條件及ひ方式《はうしき》は特別法《とくべつはふ》を以て之を規定《きてい》することゝせり
歸化人の婦《ふ》及ひ未成年《みせいねん》の子は日本に住居を定めたるときは日本人乃分限を取得するなり

喪失《ウシナフ》
回復《トリカヘス》
允許《ユルシ》

第二節　國民《こくみん》分限《ぶんげん》の喪失《さうしつ》及ひ回復《くわいふく》

第十二條　日本人は左の場合《ばあひ》に於て其分限《ぶんげん》を失ふ

第一　任意に外國人の分限を取得したるとき

第二　日本政府の允許《にんきよ》なくして外國政府の官職《くわんしよく》を受《う》け又は外國の軍隊《ぐんたい》に入りたるとき

註 日本人は左の場合《ばあひ》に於ては日本人たるの分限を失ふものなり

第一　任意に外國人の分限を取得《しゆとく》して外國人となりたるとき

第二　日本政府の允許なくして外國政府の官職《くわんしよく》を受《う》け又は外國の軍隊に入りたるとき

第十三條　前條《ぜんでう》の場合《ばあひ》に於て日本人の分限《ぶんげん》を失ひたる者其分限を回復《くわいふく》せんと欲するときは日本政府の允許《にんきよ》を得たる上歸國《きこく》して其意思《いし》を申述し且一个年内に住《ぢゆう》所《しよ》を日本に定むるときは其分限を回復す

回復《トリカヘス》

註 前條の場合《ばあひ》に於て日本人の分限を失ひたる者其分限を回復して再ひ日本人とならんと欲するときは日本政府の允許を得たる上歸國《きこく》して其意思《いし》を申述《しんじゆつ》し且一个年内に住所《じうしよ》を日本に定むるときは其分限《ぶんげん》を回復するなり

第十四條　日本人の分限《ぶんげん》を失ひたる者の婦《ふ》及ひ未成年《みせいねん》の子は引續き日本に住居するに非されは日本人の分《ぶん》限《げん》を失ふ但婦は第十五條第二項の規定《きてい》に從ひ又未成年の子は第九條第一項《こう》の規定《きてい》に從ひ其分限を回復《くわいふく》することを得

註 日本人の分限《ぶんげん》を失ひさる者の婦及ひ未成年の子ヱ引續き日本に住居するにあらされは日本人の分限を失ふものなり但婦《ふ》は第十五條第二項の規定《きてい》に從ひ又未成年の子は第九條第二項乃規定に從ひ其分限を回復《くわいふく》することを得るなり

解消 トケキヘル
復歸 カヘル
變更 カハル

第十五條　外國人と婚姻《こんいん》する日本の女は日本人の分限《ぶんげん》を失ふ
然れとも、婚姻解消《かいしよう》の後日本に住居し又は復歸《ふくき》し且日本に住所を定むることを申述《しんじゆつ》するときは其分限を回《くわい》復《ふく》す

（註）外國人と婚姻する日本の女は日本人の分限《ぶんげん》を失ふものなり然れとも婚姻解消《こんいんかいしよう》の後日本に住居し又は復歸《ふくき》し且日本に住所を定むることを申述するときは其分限を回復するものとす

第三節　國民分限變更《へんかう》の方式及ひ効力《かうりよく》

第十六條　國民分限の變更に關《くわん》する申述は日本に在りては住居地の身分取扱吏に外國に在りては日本公使《こうし》館《くわん》又は日本領事館《りやうじくわん》に之を爲す可し
此申述は部《ぶ》理《り》代《だい》理《り》人《にん》を以て之を爲すことを得

註國民分限の變更《へんかう》に關する申述は日本に在りては住居地の身分取扱吏に外國に在りては日本公使館《こうしくわん》又は日本領事館《りやうじくわん》に之を爲すへきものなり

此申述は部理代理人を以て之を爲すことを得るなり

第十七條　國民分限の變更は將來《しやうらい》に非されは其效力《かうりよく》を生せす

註國民分限の變更は將來にあらされは其効力を生せさるなものなり

第十八條　國民分限は出生《しゆつせい》の時を以て之を定む然れとも懷胎《くわいたい》より出生までの間父又は母の分限に變更《へんかう》ありたるときは子は日本に住居する場合《ばあい》に限りて日本人の分限を保有《ほいう》す

註國民分限《こくみんぶんげん》は出生の時を以て之を定むるなり然れとも懷胎《くわいたい》より出生までの間父又は母の分限にかはりありたるときは子は日本に住居す

血統チスヂ
聯結ツラナリ ムスブ
關係カヽハリ
遠近トホヒ チカヒ
連續ツラナリ ツヽク

る場合に限り日本人の分限を保有《ほいう》するなり

第三章　親屬《しんぞく》及ひ姻屬《いんぞく》

㊟本章凡て十一條親屬及ひ姻屬のことを定めたるものなり

第十九條　親屬とは血統《けつとう》の相聯結《あいれんけつ》せる者に關係《くわんけい》を謂ふ
六親等の外は親屬の關係あるも民法上に效力《かうりよく》を生せす

㊟親屬とは血統の相聯結《れんけつ》する者の關係を謂ふなり父母兄弟姉妹《しまい》の如き即ち然り
六親等の外は親屬の關係《くわんけい》あるも民法上の効力を生せさるなり

第二十條　親屬の遠近《ゑんきん》は世數を以て之を定め一世《せ》を以て一親等とす
親等の連續《れんぞく》するを親系《しんけい》と爲す彼より此に直下する者の親系を直系《ちよくけい》と謂ひ其直下せすして同始祖《しそ》に出つる

者の親系を傍系《ばうけい》と謂ふ

直系に於て自己《じこ》の出つる所の親族を尊屬親《そんぞくしん》と謂ひ自己より出つる所の親族を卑親屬と謂ふ

㊟親屬の遠近《ゑんきん》は世數を以て之を定め一世を以て一親等とするなり親等の連續《れんぞく》するを親系と云ふなり

彼《か》れより此《これ》又直下《ちよくか》する者の親系を直系と謂ふなり例へは左の如きをのは直系なり

高祖《かうそ》父 母 ── 曾祖《そうそ》父 母 ── 祖《そ》父 母 ── 父 母 ── 子 ── 孫《そん》 ── 曾孫《そうそん》

其直下せすして同始祖《どうしそ》に出つる者乃親系を傍系《ばうけい》と謂ふなり例へハ左の如きものは傍系なり

妹一姉一弟一

妹一姉一弟一

妹一姉一

一兄一　一兄一　一弟一
父一　夫一　子一
母

直系に於て自巳の出つる所は親族を尊屬親《そんぞくしん》と謂ふ例へは父母、父母の兄弟姉妹、祖父母、曾祖父母の如きは尊屬親なり

自己《じこ》より出つる所の親族を卑屬親《ひぞくしん》と謂ふ子、孫、曾孫、玄孫《げんそん》の如き即ち然り

第二十一條　直系に於ては親族の世數を算して親等《しんとう》を定む

傍系《ばうけい》に於ては親族の一人より同始祖《どうしそ》に遡《さかのぼ》り又其始祖より他の一人に下たる其間の世數を算《さん》して親等を定む

(註)直系に於ては親族の世數を算へて親等を定むるなり

嫡母ホントウノハハ
繼父ギリノチヽ
繼母ギリノハヽ
配偶者夫婦ノ一方ノモノチ云フ

傍系に於ては親族の一人より同姓祖に遡《さかのぼ》り又其始祖《しそ》より他の一人に下たる其間の世数を算して親等を定むるなり

第二十二條　養子《やうし》縁組《えんぐみ》は養子と養父母及ひ其親族との間に親屬に同しき關係《くわんけい》を生す但養子とは男女を總稱《そうしよう》す

註 男女を問はす養子に縁組《えんぐみ》は養子と養父母及ひ其親族との間に親属に同しき關係を生するなり

第二十三條　嫡母《てきぼ》繼父《けいふ》又は繼母と其配偶者《はいぐうしや》の子との關《くわん》係《けい》は親子に準《じゆん》す

註 嫡母繼父又は繼母と其配偶者の子との關係は親子《しんし》に準ぜるなり

第二十四條　姻屬《いんぞく》とは婚姻《こんいん》に因りて夫婦の一方と其配偶者の親族《しんぞく》との間に生する關係を謂ふ

然れとも婦の夫家《ふか》に於ける又入夫《にふふ》の夫家に於ける尊

屬親との關係は親屬に準《じゆん》す

註 姻屬とは婚姻に因りて夫婦の一方と其配偶者の親族との間に生そる關係を謂ふなり例へは夫の父母は婦よりすれは姻屬にして婦の父母は夫よりすれは姻屬《いんぞく》なり

然れとも婦の夫家に於ける又入夫の婦家に於ける尊屬親との關係は親屬に準するなり

第二十五條　夫婦の一方か親族は其親系《しんけい》及ひ親等に於て配偶者の姻族《いんぞく》とす

姻屬の關係は婚姻無效《むかう》の判決又は離婚《りこん》に因りて止む又生存配偶者《せいぞんはいぐうしや》其家を去るに因りて止む

註 夫婦の一方の親族は其親系及ひ親等《しんとう》に於て配偶者の姻族とせるなり

姻屬の關係《くわんけい》は婚姻無効《むかう》の判決又は離婚《りこん》に因りて止むへく又生存配偶

養料ヤシナイ リヨウ
負擔チ フ
事故ワ ケ

者其家を去るに因りて止《や》むへきなり蓋《けだ》し姻屬の關係は婚姻より生す
るものなるによる

第三十六條　直系の親族は相互《あひたがい》に養料《やうりやう》を給《きふ》する義務《ぎむ》を負擔《ふたん》す
嫡母、繼父《けいふ》又は繼母《まゝはゝ》と其配偶者《はいぐうしや》の子との間及ひ婦《ふ》又は入夫と夫家《ふか》又は婦家の尊屬親との間《あいだ》も亦同し

㊟直系の親族は相互に養料《やうりやう》を給する義務を負擔《ふたん》するものなり
嫡母、繼父又は繼母と其配偶者の子と乃間及ひ婦又は入夫と夫家又は婦家の尊屬親乃間も亦同樣《どうやう》なり

第二十七條　兄弟姉妹《けいていしまい》の間には疾病《しつぺい》其他本人の責《せき》に歸《き》せさる事故《じこ》に因りて自ら生活《せいくわつ》する能はさる場合《ばあい》に限り相互に養料を給する義務《ぎむ》あり

㊟兄弟姉妹の間には疾病其他本人の責《せめ》に歸《き》せさる事故に因りて自ら

生活する能はさる場合《ばあい》に於てのみ相互に養料《やうりやう》を給する義務《ぎむ》あるものなり

故に本人の責《せき》に帰《き》すへき事故例令《たとへ》は放蕩《はうとう》により生活する能はさる場合に至りたるときの如きは此義務なきものとす

第二十八條　養料の義務を負擔《ふたん》す可き者の順位《じゆんい》は左の如し

第一　第二十六條に掲《かゝ》けたる者

第二　兄弟姉妹

直系の親族の間は其親等《しんとう》の最も近き者養料の義務《ぎむ》を負擔《ふたん》す

㊟養料《やうりやう》の義務《ぎむ》を負擔《ふたん》すへき順位《じゆんゐ》は左の如くなり

第一　第二十六條に掲《かゝ》けたる者

第二　兄弟姉妹《けいていしまい》

必要《イリヨウ》

直系《ちよくけい》の親族《しんぞく》の間《あひだ》は其親等《そのおやとう》の最《もつと》も近《ちか》き者養料の義務《ぎむ》を負擔《ふたん》すへきものなり

第二十九條　養料《やうりやう》は之を受《う》く可き者の必需《ひつじゆ》と之を給《きう》す可き者の資産《しさん》とに應《おう》して其額《そのがく》を定《さだ》む

第四章　婚姻《こんいん》

㊟本章は第三十條に始《はじ》まり第七十七條に終《おは》る凡て四十八條婚姻《こんいん》のことを定めたるものなり

本章條文《でうぶん》に入る前《まへ》に不日上梓《じやうし》する余（山田）か著正義論より抄出《せうしゆつ》して左に掲《かゝ》くへし

婚姻《こんいん》なけれは夫婦《ふうふ》の名稱起《めいしやうおこ》らす社會《しやくわい》乃原始《げんし》に當ては婚姻なるものなかりしか故に從《したが》つて夫婦《ふうふ》と稱《しやう》すへきものなし婚姻は神慮《しんりよ》に出《いづ》るものにして人力の左右《さゆう》し得へきものにあらすと云ふか如き一夫《いつぷ》一婦《ぷ》は人の大倫《たいりん》にして寸毫《すんごう》を破《やぶ》るへからすと云ふの如きは原始社會のことに

あらさるなり原始社會《げんししやくわい》に於ては腕力《わんりよく》を以て婦女《ふじよ》を掠奪《りやうだつ》し以て己れか有となしたるものなり故に腕力強大《わんりよくきやうだい》なるものは數婦《すうふ》を所有《しよいう》しつゝありしなり社會進化《しやくわいしんくわ》して始めて夫婦なるもの起《おこ》りしなり

原始社會に於ての婦女掠奪《ふじよりやうだつ》の目的《もくてき》は之を己れの所有として一は肉体《にくたい》の快樂《くわいらく》を求め一は平常勞働《へいじやうろうどう》に隨事《ずいじ》せしむるヿありし社會乃進化《しんくわ》するに從ひ其目的を高尙《かうしやう》となり全く原始社會《げんししやくわい》の狀体《じやうたい》と異なれり即ち文明《ぶんめい》國の婚姻《こんいん》の目的は左の如し

第一　扶助《ふじよ》

第二　設生《せつせい》

第三　交合《かうがう》

扶助《ふじよ》とは相扶持して苦樂休戚《くらくきうせき》を共《とも》にするを云ひ設生《せつせい》とは子孫《しそん》を擧《あ》けて一家《か》の血統《けつとう》を絶《だ》へざらしむるを云ふ男女苟《だんじよいやし》くも結婚《けつこん》せんと欲《ほつ》せはよく其目的《そのもくてき》のある所を考察《かうさつ》し輕忽《けいこつ》に此大禮を擧《あ》くへからも盖《けだ》し凡《すべ》て

の苦樂《くらく》は配偶《はいぐう》其宜《よろ》しきを得ると否《いな》とに起因《きいん》す豈《あに》愼《つゝし》まさるへけんや

第一節　婚姻《こんいん》を爲すに必要《ひつえう》なる條件《でうけん》

第三十條　男《をとこ》は滿《まん》十七年に女は滿十五年に至《いた》らされは婚姻《こんいん》を爲すことを得す

㊟男《おとこ》は滿《まん》十七年女は滿十五年に至らされは婚姻《こんいん》を爲すことを得さるなり

婚姻《こんいん》をる男女《だんじよ》の年齢《ねんれい》は道理上婚姻《どうりじやうこんいん》の三目的《もくてき》を達《たつ》し得へき年齢ならさるへからす然らされは生《う》む所《ところ》の子薄弱《はくじやく》にして人種《じんしゆ》の卑惡《ひあく》を來《きた》し又完《くわん》全《ぜん》なる承諾《しようだく》を與ふるの能力なきか故に輕忽に失するの弊を生し且つ一家を維持《いじ》し財《ざい》を理《り》し子を敎《をし》ふるの能力充分《のうりよくじうぶん》ならさるか故に其極一國の安危《あんき》に關《くわん》するに至るへし之れ各國年齢に制限《せいげん》を設《まう》くる所以《ゆゑん》なり而して本條に於て男は十七女は十五を以て最下点《さいかてん》と定めたるも余は男二十女十八を以て最下点と定むるの穩當《をんたう》なるへきを信するなり

（山田著正義論）

解消ルヘキ

第三十一條　配偶者《はいぐうしや》ある者は重《かさ》ねて婚姻《こんいん》を爲すことを得す

註 男と女とを問《と》はす配偶者《はいぐうしや》ある者は重《かさ》ねて婚姻を爲すことを得さるなり若《も》し婚姻したるものは刑法《けいはふ》によりて處斷《しよだん》せらるゝなり

第三十二條　夫《をつと》の失踪《しつそう》に原因《げんいん》する離婚《りこん》の場合《ばあひ》を除《のぞ》く外《ほか》女は前婚解消《ぜんこんかいせう》の後《のち》六个月內に再婚《さいこん》を爲すことを得す

此制禁《このせいきん》は其分娩《ぶんべん》したる日より止む

註 夫《をつと》の失踪《しつそう》に原因《げんいん》する離婚《りこん》の場合《ばあひ》を除《のぞ》く外女は前婚解消《ぜんこんかいせう》の後《のち》六个月內に再婚《さいこん》を爲すことを得さるなり

此制禁《このせいきん》は其分娩《そのぶんべん》したる日より止むものとす

失踪に原因《げんいん》する離婚《りこん》の場合を除く所以《ゆゑん》は失踪《しつそう》の爲に離婚するにも六个月以上卽ち五年若くは七年を要するか故に別《べつ》に六个月の期間《きかん》を設《まう》

くるの必要《ひつえう》なきか故なり

六个月内に再婚《さいこん》することを得すと定《さだ》めたるは若し再婚後《さいこんご》懐胎《くわいたい》したるときは其子の父の何れなるやを判明《はんめい》するに困難《こんなん》なるか故なり故に分《ぶん》娩《べん》したるときは此患《このうれひ》なきにより其日より此制禁は止むものとも本條は獨《ひと》り女子に適用《てきよう》するものにして男子には此制禁《このせいきん》を要せさる蓋《けだ》し分娩《ぶんべん》は女子に限《かぎ》るに因《よ》る

本條を終《をは》るに臨《のぞ》み一言すへきものあり即ち余は本條を女子のみに適用せすして男子《だんし》にも適用《てきよう》し而して第二項を廢止せられんことを望《のぞ》む語《ご》を換《かへ》て云はゞ如何なる場合《ばあひ》を問はす男女は六个月内に再婚《さいこん》することを得すとせられんことを希《こひねが》ふなり何となれは昨日《さくじつ》離縁《りえん》して今日《こんにち》乙女《おつじよ》を娶《めと》り若くは乙男《おつだん》に嫁《か》するは如何にも背徳《はいとく》の至《いた》りなれはなり

第三十三條　姦通《かんつう》の原因《げんいん》に由《よ》りて離婚《りこん》の裁判《さいはん》を言渡《いひわた》されたる曲者《きよくしや》は相姦者《さうかんしや》と婚姻《こんいん》を爲《な》すことを得す

姑《シウト》 甥《オイ》
姪《メイ》

㊟姦通《かんつう》の原因《げんいん》に由《よ》りて離《り》婚《こん》の裁判を言渡されたる曲者は相姦者《さうかんしや》と婚《こん》姻《いん》をすことを得さるなり

第三十四條 直系《ちよくけい》に於ては尊《そん》属《ぞく》親《しん》と卑《ひ》属《ぞく》親《しん》との間《あひだ》婚《こん》姻《いん》を禁《きん》ず

㊟直系に於ては尊属親と卑属親との間婚姻を爲すことを禁《きん》するなり

第三十五條 傍《ばう》系《けい》に於ては兄《けい》弟《てい》姉《し》妹《まい》及ひ伯《はく》叔《しく》父《ふ》姑《こ》甥《かん》姪《し》の間婚《こん》姻《いん》を禁《きん》ず

㊟傍系《ばうけい》に於ては兄弟姉妹及ひ伯叔父姑甥姪の間婚姻を爲すことを禁《きん》するなり

第三十六條 直系《ちよくけい》の姻《こん》族《ぞく》の間は其關係《くわんけい》の止《や》みたる後と雖も婚《こん》姻《いん》を禁《きん》す

㊟直系は姻族の間は其關係《くわんけい》の止《や》みたる後と雖も婚姻をなすことを得さるなり

許諾《ユルシ》

第三十七條 ◦養子《やうし》と養父母又は其尊属親《そんぞくしん》との間及ひ養父母又は其尊属親と養子の配偶者《はいぐうしや》又は其卑属親《ひぞくしん》とは間は離縁《りゑん》の後と雖も婚姻《こんいん》を禁《きん》す

㊟養子と養父母又は其尊族親との間及ひ養父母又は其尊属親と養子の配偶者又は其卑属親との間は離縁《りゑん》の後と雖も婚姻をなすことを得さるなり

第三十八條　子《こ》は父《ふ》母《ぼ》の許諾《きよだく》を受《う》くるに非《あら》されは婚姻《こんいん》を《いん》為すことを得す

父母の一方か死亡《しばう》し又は其意思《いし》を表《ひやう》する能はさるときは他の一方の許諾を以て足る

繼《けい》父《ふ》又は繼《けい》母《ぼ》ある場合に於て其配偶者ある母《はゝ》又は父《ちゝ》の死亡《しばう》し又は其意思《いし》を表する能はさるときは繼父又は繼母の許諾を受く可し其許諾に付ては第九章第三

意思ヲ表スル能ハサルトキトハ例令ハ風瘋病ニカヽリタル時ノ如キヲ云フ

節の規定《きてい》を適用《てきよう》す

㊟子は父母乃許諾《きよだく》を受《う》くるに非されは婚姻《こんいん》を爲すことを得《え》さるものなり

父母《ふぼ》の許諾《きよだく》あるを要する所以《ゆゑん》は重《おも》に配偶者《はいぐうしや》の其人を得ると否《いな》とは配偶者の一身に止まるものにあらすして親属一般《しんぞくいつぱん》に關係《くわんけい》を及《およ》ぼすが故と若年者《じやくねんしや》は血氣盛《けつきさかん》にして將來《しやうらい》の利害得失《りがひとくしつ》を考察《こうさつ》せさるとによるものなり（山田、正義論）

父母の一方か死亡《しばう》し又は其意思《いし》を表する能はさるときは他の一方の許諾を以て足るなり

繼父《けいふ》又は繼母《けいぼ》ある場合に於て其配偶者たる母又は父の死亡し又は其意思《いし》を表する能はさるときも繼父又は繼母の許諾《きよだく》を受《う》くへきなり其許諾に付ては第九章第三節の規定を適用するなり

第三十九條　父母共に死亡し又は其《その》意思《いし》を表する能は

二十年ニ至リタルモノハ本條後見人ノ許諾ヲ受クルニ及バズ

さるときは其家の祖父母《そふぼ》の許諾《きよだく》を受《う》く可し
祖父母の一方か死亡し又は其意思《そのいし》を表する能はさる
ときは他の一方の許諾を以て足る

註 父母《ふぼ》共《とも》に死亡し又は意思《いし》を表《ひやう》する能はさるときは其家の祖父母《そふぼ》の許諾《きよだく》を受《う》くへきものなり
祖父母の一方か死亡し又は其意思《そのいし》を表する能はさるときは他《た》の一方の許諾《きよだく》を以て足《た》るなり

第四十條　父母《ふぼ》、祖父母《そふぼ》悉《ことごと》く死亡し又は其意思を表する能はさるときは滿《まん》二十年に至らさる者に限り後見人《こうけんにん》の許諾《きよだく》を受《う》く可し

註 父母、祖父母悉《ことごと》く死亡し又は其意思を表せる能はさるときは滿二十年に至らさる者に限り後見人の許諾《きよだく》を受《う》くへきものなり

第四十一條　父母《ふぼ》の知れさる子は二十年未滿《みまん》に限り後

見人の許諾《きよだく》を受《う》く可し

註 父母《ふぼ》の知《し》れさる子は二十年未満《みまん》に限り後見人の許諾《きよだく》を受くへきものなり

第四十二條　育兒院《いくじいん》に在りて父母《ふぼ》の知れさる子の婚姻《こんいん》は二十年未満《みまん》に限《かぎ》り院長《いんちやう》の許諾《きよだく》を受《う》く可し

註 育兒院《いくぢいん》に在りて父母の知れさる子の婚姻《こんいん》は二十年未満《みまん》に限《かぎ》り院長《いんちやう》の許諾《きよだく》を受《う》くへきものなり

○

約《やく》　言《げん》

婚姻《こんいん》を為すに必要《ひつえう》なる條件《でうけん》は左の如し

一　男《をとこ》は満《まん》十七年女は満十五年に至《いた》りたること

二　相方任意《さうはうにんい》の承諾《しようだく》あること

三　法律《はふりつ》に於て禁止《きんし》せさるものゝ間なること

法律に於て禁止《きんし》するものは左の如し

1 重婚《ぢうこん》

2 姦通《かんつう》の場合《ばあひ》に於て相姦者《さうかんしや》とする婚姻《こんいん》

3 前婚解消後《ぜんこんかいせうご》六个月を經《へ》さる女子の婚姻

4 或る親屬間《しんぞくかん》に於てする婚姻《こんいん》

四 父母（或る場合に於ては他の者）の許諾《きよだく》あること

右の要件具備《ようけんぐび》せされは婚姻することを得さるなり

第二節 婚姻《こんいん》の儀式《ぎしき》

註 婚姻《こんいん》の儀式《ぎしき》は男女結婚《だんぢよけつこん》の容易《ようい》に易《か》へ難《かた》く動《うご》かし難《かた》き者《もの》たるを表示《ひやうし》するものにして之れなけれは夫妻《ふさい》たるを証明《しようめい》することも夫妻の關係《くわんけい》は容易《ようい》に變更《へんかう》すへきものにあらさることを証明することも野合《やかう》と正婚《せいこん》とを區別《くべつ》することも能はされはなり即ち儀式《ぎしき》なけれは婚姻なしと云ふも不可《ふか》なきなり（山田、正義論）

第四十三條　婚《こん》姻《いん》の儀《ぎ》式《しき》は當《たう》事《じ》者《しや》の一方の住《じゆう》所《しよ》又は居《きよ》所《しよ》の地《ち》に於て之を行《おこな》ふ可し
雙《さう》方《はう》は婚《こん》姻《いん》の儀《ぎ》式《しき》を行ふ前に其地の身《み》分《ぶん》取《とり》扱《あつかひ》吏《り》に婚姻を爲さんとする申《まうし》出《いで》を爲すことを要す但此申出は代《だい》理《り》人《にん》を以て之を爲すことを得

註婚《こん》姻《いん》の儀《ぎ》式《しき》は當事者の一方の住所又は居所の地に於て之を行ふ可きものなり
双《さう》方《はう》は婚《こん》姻《いん》の儀《ぎ》式《しき》を行ふ前に其地の身分取扱吏に婚姻を爲さんとする申出を爲すことを要するなり但此申出は代理人を以て之を爲すことを得るものとす

第四十四條　雙《さう》方《はう》は前《ぜん》條《でう》の申出を爲す時に於て左の書《しよ》類《るい》を差《さし》出《い》たす可し
第一　出《しゆつ》生《せい》證《しよう》書《しよ》

第二　前婚《ぜんこん》の解消《かいせう》を證《しよう》する證書《しようしよ》

第三　婚姻に必要《ひつえう》なる許諾書《きよだくしよ》又は其許諾を得る能はさる事由《じゆう》を證する書類《しよるい》

㊟双方《そうはう》は前條の申出《まうしいで》を爲す時に於て左の書類《しよるい》を差出《さしいだ》すへきものなり

第一　出生証書

第二　前婚《ぜんこん》の解消《かいせう》を証する証書

第三　婚姻ヿ必要《ひつえう》なる許諾書又は其許諾を得る能はさる事由《じゆう》を証する証書類《しようしよるい》

第四十五條　雙方《そうはう》又は一方か出生證書を呈示《こいし》する能はさるときは出生地《しゆつせいち》、住所又は居所の區裁判所の授付《じゆふ》したる保證書《ほしようしよ》を以て出生證書ヿ代用《だいよう》することを得保證書は男女《だんじよ》を問はす又親族《しんぞく》と否《いな》とを問はす證人二人ゟ左の諸件《しよけん》に付き區裁判所に爲したる申述《まうしのべ》を記載《きさい》

す

第一　本人の氏名《しめい》、職業《しよくげう》、住所《ぢゆうしよ》及ひ居所並《ならび》に其父母分明《ぶんめい》なるときは其氏名、職業、住所及ひ居所

第二　本人の出生《しゆつせい》の地及ひ年月日

第三　本人の出生證書を呈示する能はさる原因《げんいん》及ひ證人の其《その》事實《じじつ》を聞知《ぶんち》しある縁由《えんゆう》

註 双方《そうはう》又は一方か出生証書を呈示する能はさるときは出生地、住所又は居所の區裁判所の授付したる保証書を以て出生証書に代用することを得るなり

保証書《ほしようしよ》は男女を問はす又親族と否《いなか》とを問はす証人二人か左の諸件に付き區裁判所に為したる申述を記載《きさい》すへきものなり

第一　本人の氏名、職業、住所及ひ居所并に其父母《ふぼ》分明《ぶんめい》なるときは其氏名、職業《しよくげう》、住所《ぢゆうしよ》及ひ居所

障碍 サハリ
授付 サヅケル
抗告 コシヨウヲ申立ルコト

第二　本人の出生の地及ひ年月日
第三　本人の出生証書《しゆつせいしようしよ》を呈示する能はさる原因及ひ証人の其事實を聞知《ぶんち》したる縁由《ゑんゆう》

第四十六條　身分《みぶん》取扱吏《とりあつかひり》は婚姻《こんいん》の儀式《ぎしき》を行ふ障碍《しようがひ》と爲る可き法律上の原因《げんいん》あることを知りたるときは其儀《さ》式《しき》を行ふことを差止む可し
此場合《このばあひ》に於ては身分取扱吏は理由《りゆう》を記したる差止書《さしとめしよ》を授付《じゆふ》す可し
當事者此差止を不當《ふたう》なりと思料《しれう》するときは區裁判所に抗告《こうこく》して其取消《とりけし》を求むることを得
裁判所は休暇事件《きうかじけん》と同しく之を取扱《とりあつか》ふ可し

㊟身分取扱吏《みぶんとりあつかひり》は婚姻の儀式《ぎしき》を行ふ障碍《しようがひ》と爲るへき法律上の原因あることを知りたるときは其儀式を行ふことを差止むへきものなり

慣習《ナラハシ》

此場合に於ては身分取扱吏《みぶんとりあつかひり》は其差止むる理由《りいう》を記したる差止書を授付すへきものなり

當事者《たうじしや》此差止《このさしとめ》を不當なりと思料《しれう》するときは區裁判所に抗告《かうこく》して其取《とり》消《けし》を求《もと》むることを得るなり

裁判所は休暇事件《きうかじけん》と同しく之を取扱ふへきものなり

第四十七條　婚姻《こんいん》は證人二人の立會を得て慣習《くわんしふ》に從ひ其儀式を行ふに因りて成る

當事者の承諾《しやうだく》は此儀式《ぎしき》を行ふに因りて成立す

㊟婚姻《こんいん》は証人二人の立會を得て慣習《くわんしふ》に從ひ其儀式を行ふに因りて成るものなり故に此儀式を行はさる間は未た婚姻あらさるものとす

慣習《くわんしふ》とは所謂從來《いはゆるじゆらい》行ふ所の三々九度《ど》の式《しき》之れなり

當事者即ち夫婦とならんとする双方の承諾《しようだく》は此儀式を行ふに因《よ》りて成立するものなり故に儀式を行はさる以上は未た承諾《しやうだく》成立せさるも

のとす

第四十八條　婚姻《こんいん》の儀式ハ其申出の日より三日後三十日內に之を行ふことを要す

註 婚姻《こんいん》の儀式《ぎしき》ハ其申出の日より三日後三十日內ニ之を行ふことを要するなり

第四十九條　婚姻《こんいん》の儀式《ぎしき》を行ひたるときは雙方《さうはう》より十日內に身分取扱吏《みぶんとりあつかひり》ニ其屆出を爲す可し但此屆出は代《だい》理人《りにん》を以て之を爲すことを得

註 婚姻の儀式を行ひたるときは双方より十日內に身分取扱吏《みぶんとりあつかひり》に其屆出を爲すへきものなり尤も此屆出は代理人《だいりにん》を以て之を爲すことを得るなり

第三節　日本人外國に於て爲し及ひ外國人《ぐわいこくじん》日本ニ於て爲す婚姻

第五十條　外國に於て日本人の間又は日本人と外國人との間に婚姻《こんいん》を爲すときは其國の規則《きそく》に從ひて儀式《ぎしき》を行ふことを得但本章第一節《せつ》に定めたる條件《でうけん》に違背《ゐはい》せさることを要す

註外國に於て日本人の間又は日本人と外國人との間に婚姻《こんいん》を爲すときは其國の規則《きそく》に從ひて儀式を行ふことを得るなり但本章第一節に定めたる條件に違背《ゐはい》せさることを要す

第五十一條　外國《ぐわいこく》に於て日本人の間に日本の規則《きそく》に從ひて婚姻《こんいん》を爲《あ》すときは其國に在る日本《にほん》公使館《こうしくわん》又は日本領事館《りやうじくわん》に婚姻《こんいん》の申出を爲すことを要す婚姻の儀式《ぎしき》を行ひたるときは第四十九條の規定《きてい》に從ひて其屆出を爲す可し

註外國に於て日本人の間に日本の規則《きそく》に從ひて婚姻を爲すときは其

障碍サハリ

國に在る日本公使館《こうしくわん》又は日本領事館《りやうじくわん》に婚姻《こんいん》の申出を爲すことを要するなり

婚姻《こんいん》の儀式《ぎしき》を行ひたるときは第四十九條の規定《きてい》に從《したが》ひて其屆出を爲すへきなり

第五十二條　日本に於て外國人か婚姻《こんいん》を爲さんとするときは其能力《のうりよく》は本國の法律に從ふ但第三十一條乃至第三十七條の條件《でうけん》に違背《ゐはい》せさるをこと要す

外國人は婚姻の申出を爲す時に於て婚姻《こんいん》を爲すに障《しやう》碍《き》なきことを證《しよう》する本國相當《さうたう》官署《くわんしよ》の認定書《にんていしよ》を差出さす可し

㊟日本に於て外國人の婚姻を爲さんとするときは其能力《のうりよく》は本國の法律に從ふへきなり但第三十一條乃至第三十七條の條件《でうけん》に違背《ゐはい》せさることを要す

毀棄　ヤブリステル
隱匿　カクス

外國人は婚姻《こんいん》の申出を爲す時に於て婚姻を爲すに障碍なきことを証せる本國相當官署《さうたうくわんしよ》の認定書《にんていしよ》を差出すへきなり

第四節　婚姻《こんいん》成立《せいりつ》の證據《しようこ》

第五十三條　婚姻成立の證據は婚姻證書《こんいんしようしよ》を以て之を擧《あ》く可《べ》し但第二百九十一條に規定するものは此限《このかぎり》に在らず

㊟婚姻成立《こんいんせいりつ》の証據《しようこ》は婚姻証書を以て之を擧《あ》くへきなり但第二百九十一條に規定《きてい》せるものは此限に在らすとす

第五十四條　婚姻證書を增減《ぞうげん》し毀棄《きき》し隱匿《いんとく》し又は片紙《へいし》に記載《きさい》しある場合《ばあひ》に於て刑事又は民事の訴訟《そしよう》に因りて婚姻の成立《せいりつ》を認《みと》めたる判決《はんけつ》は之を婚姻證書に代用《だいよう》することを得

㊟婚姻証書を增減《ぞうげん》し毀棄《きき》し隱匿《いんとく》し又は片紙《へんし》に記載《きさい》したる場合《ばあひ》に於て

喪心　コヽロヲウシナイテヲルコト
強暴　ムリニイヲレル
欠缺　カケル

刑事又は民事の訴訟に因りて婚姻の成立を認めたる判決は之を婚姻《こんいん》証書に代用することを得るなり

第五節　婚姻《こんいん》の不成立《ふせいりつ》及ひ無効《むかう》

第五十五條　人違《じんい》、喪心《そうしん》又は強暴《きやうぼう》に因りて雙方《さうはう》又は一方の承諾《じようだく》の全く欠缺《けつけつ》しある婚姻《こんいん》は不成立《ふせいりつ》とす

第三十四條乃至第三十七條の規定《きてい》に違ひて爲したる婚姻《こんいん》も亦不成立とす

婚姻《こんいん》の不成立《せいりつ》は何人に限らす何時にても之を申立つることを得

註 人違《じんゐ》、喪心《そうしん》又は強暴《きやうぼう》に因りて双方《さうはう》又は一方の承諾の全く欠缺《けつけつ》しさる婚姻は成立せさるものとす

第三十四條乃至《ないし》第三十七條の規定《きてい》に違《ちが》ひて爲したる婚姻も亦成立せさるものとす

婚姻《こんいん》の不成立《ふせいりつ》は何人に限らす何時にても之を申立つることを得るものなり

例へは甲男《とうだん》を乙男《おつだん》なりと信《しん》して婚姻したるときの如きは人違《ひとちがひ》なるか故に婚姻成立せす何となれは乙男に嫁《か》さんとしたれとも甲男に嫁さんとえ思《おも》はねはなり即ち甲男に對する承諾《しようだく》なきものとす

病氣《びやうき》其他の事故《じこ》により喪心《そうしん》したるときは承諾を與ふるの能力《のうりよく》なきもの故例令甲女を娶《めと》るへしと云ふとも之れ本氣の沙汰《さた》にあらさるなり

汝是非《ぜひ》共《とも》甲男と婚姻《こんいん》すへし然らされは汝を殺《ころ》さんと云ふか如き暴行《ばうこう》を受け止むなくして婚姻したるものゝ如きは即ち完全《くわんぜん》の承諾なきものとす故に其婚姻成立せす

第五十六條　第三十條、第三十一條及ひ第三十三條の規《き》定《てい》に違《たが》ひて婚姻《こんいん》を爲したるときは雙方、尊屬親《そんぞくしん》又は現《げん》實《じつ》の利益《りえき》を有する者より何時にても其無效を請求《せいきう》す

不適齢《マダケツコンレイニミタヌ》
消滅《キヘル》
認諾《シヨウチスル》

しることを得

右同一の場合に於て撿事《けんじ》は夫婦《ふうふ》の生存中《せいぞんちう》に限《かぎ》り職權《しよくけん》を以て婚姻の無效《むかう》を請求することを得

(註)第三十條、第三十一條及び第三十三條の規定《きてい》に違《たが》ひて婚姻《こんいん》を爲しさるときは双方、尊屬親《そんぞくしん》又は現實《げんじつ》の利益《りえき》を有する者より何時にても其無効《むかう》を請求《せいきう》することを得るものなり

右同一の場合《ばあひ》に於て撿事《けんじ》は夫婦の生存中《せいそんちう》に限り職權《しよくけん》を以て婚姻の無効を請求することを得るものなり

第五十七條　不適齢《ふてきれい》に付き無效《むかう》を請求する權利《けんり》は左の場合に於て消滅《せうめつ》す

第一　適齢ならざりし者か適齢に至れる後《のち》明示《めいし》にて婚姻を認諾《にんぞく》し又は三个月を過ぎたるときは

第二　無效《むかう》の請求後《せいきうご》と雖も婦《ふ》か適齢《てきれい》ならずして懷《くわい》

胎《たい》したるとき

第三　夫か適齡ならすして婦《ふ》の懐胎《くわいたい》したるとき但婦の姦通《かんつう》を證するときは格別《かくべつ》なりとす

㊟結婚年齡《けっこんねんれい》に相當《さうたう》せさるに付き無効《むかう》を請求する權利《けんり》は左の場合《ばあひ》に於て消滅《せうめつ》するものなり

第一　適齡《てきれい》ならさりし者か適齡に至れる後明示又て婚姻を認諾《にんだく》し又は三个月を過きたるとき

三个月を過きたるときは結婚適齡《けっこんてきれい》に至れる後三个月を過きたることを云ふなり

第二　無効《むかう》の請求後《せいきうご》と雖も婦《ふ》か適令《てきれい》ならすして懐胎したるとき

第三　夫《ふ》か適令《てきれい》ならすして婦の懐胎《くわいたい》したるとき但婦の姦通《かんつう》を証《しよう》するときは此限《このかぎり》にあらさるものとす

婦《ふ》姦通《かんつう》したるときは姦夫《かんぷ》の爲めに懐胎《くわいたい》したるものと推察《すいさつ》せらるゝか

原因スルモトツク
主張イヒハル

故なり

第五十八條　重婚《ちうこん》に原因《げんいん》する婚姻《こんいん》無效《むかう》の請求ありたる塲合《ばあひ》ま於て後婚の雙方か前婚の不成立《ふせいりつ》、無效《むかう》又は離婚《りこん》を主張《しやちやう》するときは先《ま》つ其裁判を爲す可し
前婚の配偶者《はいぐうしや》か失踪したるときは其失踪《しつそ》中《ちう》は重婚の無效《むかう》訴權《そけん》を行ふことを得す

(註)重婚《ちうこん》に原因《げんいん》せる婚姻無効《こんいんむかう》の請求《せいきう》ありたる塲合《ばあひ》に於て後婚の双方《さうはう》か前婚の不成立、無効又は離婚《りこん》を主張《しゆちやう》するときは先つ其裁判を爲すへきものなり何となれは此裁判なき以上は果《はた》して重婚《ちうこん》なるや否やを知る能はさるか故なり
前婚《せんこん》の配偶者《はいぐうしや》か失踪《しつそ》したるときは其失踪中は重婚の無効訴權《むかうそけん》を行ふことを得さるなり

第五十九條　左の場合に於ては婚姻《こんいん》を無效《むかう》とす

第一　身分《みぶん》取扱吏《とりあつかひり》に婚姻《こんいん》の申出を爲さす又は其差止《さしとめ》を受《う》けたるに拘はらす儀式《ぎしき》を行ひたるとき

第二　身分《みぶん》取扱吏《とりあつかひり》の管轄違《くわんかつちがひ》なるとき

第三　第四十八條の規定《きてい》に違《ちが》ひて儀式《ぎしき》を行ひたるとき

第四　證人二人の立會《たちあひ》なくして儀式を行ひたるとき

此無效は第五十六條に掲《かゝ》けたる者より之を請求《せいきう》することを得但婚姻儀式後一个年を過きたるときは無效《むかう》訴權《そけん》を行ふことを得す

㊟左の場合《ばあひ》に於ては婚姻は效《かう》なきものとす

第一　身分取扱吏に婚姻《こんいん》の申出を爲さす又は其差止《さしとめ》を受けたるに拘《かゝ》はらす儀式を行ひたるとき

許諾ユルシ

第二　身分取扱吏の管轄違《くわんかつちがひ》なるとき

第三　第四十八條の規定《きてい》に違《ちが》ひて儀式《ぎしき》を行ひたるとき

第四　証人二人の立會《たちあひ》なくして儀式を行ひさるとき

此無効は第五十六條に掲《かゝ》けたる者より之を請求《せいきう》することを得るなり

但婚姻儀式後一个年を過《そ》きたるときは無効訴權《むかうそけん》を行ふことを得さるものとす

第六十條　第三十八條乃至第四十二條に定《さだ》めたる許諾《きよだく》なくして婚姻を爲したるときは其許諾《きよだく》を與《あた》ふ可き者又は之を受く可き者より其無效を請求することを得許諾ありたる場合と雖も其許諾か強暴《きやうばう》に原因《げんいん》したるときも亦同し

㊟第三十八條乃至《ないし》第四十二條に定めたる許諾なくして婚姻を爲したるときは其許諾《きよだく》を與ふへき者又は之を受くへき者より其無効《むかう》を請《せい》

求《きう》することを得るなり

許諾ありたる場合《ばあひ》と雖も其許諾か強暴《きやうばう》に原因《げんいん》したるときも亦同様《どうやう》なりとす

第六十一條　前條の場合《ばあい》に於て婚姻《こんいん》の許諾《きよだく》を與ふ可き者か婚姻を認諾《にんだく》せずして死亡し又は其意思《いし》を表する能はさるときは法律《はふりつ》に定めたる順位《じゆんい》に從ひて其許諾《きよだく》を與ふ可き者は無效訴權《むかうそけん》を行ふこと得

(註)前條の場合に於て婚姻《こんいん》の許諾《きよだく》を與《あた》ふ可き者か婚姻を認諾《にんだく》せずして死亡し又は其意思《いし》を表する能はさるときは法律に定めたる順位《じゆんい》に從ひて其許諾を與ふへき者は無效訴權《むかうそけん》を行ふことを得るなり意思を表する能はさるときは疾病《しつぺい》の爲に喪失《さうしつ》したる場合の如きを謂ふものなり

第六十二條　第六十條に掲けたる無效訴權は左の場合《ばあい》

消滅キヘル
婚姻上ノ成年、即チ男十七、女十五

瑕疵キズ

に於て消滅《せうめつ》す

第一　婚姻の許諾《きよだく》を與ふ可き者か認諾《にんだく》を為し又は婚姻《こんいん》ありたることを知りし後三个月を過きたるとき

第二　三个月内と雖も許諾《きよだく》を受く可き者か婚姻上《こんいんじやう》の成年《せい》に至り又は死亡《しばう》したるとき

註第六十條に掲《かゝ》けたる無効訴權《むかうそけん》は左の場合に於て消滅するなり

第一　婚姻の許諾を與《あと》ふ可き者か認諾《にんだく》を為し又は婚姻ありたることを知りし後三个月を過きたるとき

第二　三个月内と雖も許諾《きよだく》を受《う》く可き者か婚姻上の成年《せいねん》に至り又は死亡したるとき

婚姻上の成年とは男子十七年女子十五年に満たるを謂ふ

第六十三條　強暴《きやうばう》に因りて承諾《しようだく》に瑕《か》疵《きん》ある婚姻の無效《むかう》

強暴　暴力ヲ以テ強ラルヽ即チランボウ

は強暴《きやうばう》を受けたる者に限り之を請求《せいきう》することを得

㊟強暴《きやうばう》に因りて承諾《しようだく》に瑕疵《かきん》ある婚姻の無効《むかう》は強暴《きやうばう》を受けたる者に限り之を請求することを得るなり

強暴に因り承諾の全く欠缺《けつけつ》したる婚姻の不成立《ふせいりつ》は何人を問はす之を申立ることを得と定め本條の場合《ばあい》に於ては強暴を受けたる者に限り請求することを得《う》と定めたり此差異《さい》あるは何の故《ゆへ》そ他なし一は不成立にして一は無効なれはなり不成立の場合《ばあい》には承諾全く無く無効の場合に於ては承諾に瑕疵《かきん》を與《あた》ふるまてにして全く承諾《しようだく》なきものにあらされはなり

第六十四條　前條の場合《ばあい》に於て配偶者《はいぐうしや》強暴《きやうばう》を免《まぬ》かれたる後明示にて認諾《にんだく》し又は三个月間引續《ひきつゞ》き同居《どうきよ》し爲るときは婚姻の無効《むかう》を請求《せいきう》することを得す其同居せさる場合に於ても無効《むかう》訴權《そけん》は一个年を以て消滅《せうめつ》す

註前條の場合に於て配偶者《はいぐうしや》強暴を免《まぬ》かれたる後明示にて認諾《にんだく》し又は三个月間引續き同居したるときは婚姻《こんいん》の無効を請求《せいきう》することを得さるものなり其同居せさる場合に於ても無効訴權《むかうそけん》は一个年を以て消滅するなり三个月間引續き同居したる場合に於て無効を請求することをを得さるものと定めたる所以は強暴既に消滅して完全の承諾ありたるものあれはなり

第六十五條　裁判所《さいばんしよ》は婚姻《こんいん》の不成立又は無效《むかう》の訴訟《そしよう》中夫婦ハ一方の請求《せいきう》に因り又は職權《しよくけん》を以て婦又は夫に住家を去る可きを命《めい》ずることを得

註裁判所《さいはんしよ》ハ婚姻《こんいん》の不成立又は無効乃訴訟《そしよう》中夫婦《ふうふ》の一方の請求《せいきう》に因り又ハ職權《しよくけん》を以て婦又ハ夫に住家を去るへきを命《めい》することを得るものあり

第六十六條　無效の言渡《いひわたし》ありたる婚姻《こんいん》は子に付ては其

出生の婚姻前後《ぜんと》なるを問はす法律上の効力《かうりよく》を生す

㊟無效の言渡ありたる婚姻は子《こ》に付ては其出生の婚姻前後《ぜんと》なるを問はす法律上乃効力を生するものなり

儀式ヲ行ヒタル日ヨリ夫婦トナルナリ

許可 ユルシ
覊絆 ホダス

第六節　婚姻《こんいん》の效力《かうりよく》

第六十七條　婚姻は其儀式《ぎしき》を行ひたる日より效力《かうりよく》を生す但夫婦《ふうふ》財產《ざいさん》契約《けいやく》に付ては婚姻の屆出後《とゞけいでと》に非されは第三者に對《たい》して婚姻の效力を援用《にんよう》することを得す

㊟婚姻は其儀式《ぎしき》を行ひたる日より効力を生するなり但夫婦《ふうふ》財產契約《ざいさんけい》に付ては婚姻の屆出後にあらされは第三者に對して婚姻の效力を援用《よう》するきとを得さるなり

第六十八條　婦《ふ》は夫《ふ》の許可《きよか》を得《う》るに非されは贈與《ぞうよ》を爲し之を受諾《じゆだく》し不動產《ふどうさん》を讓渡《ゆづりわた》し之を擔保《たんぽ》に供《きやう》し借財《しやくさい》を爲し債權《さいけん》を讓渡《じやうと》し之を質入《しちいれ》し元本《げんぽん》を領收《りやうしゆう》し保證を約

〆及ひ身體《しんたい》に覊絆《きはん》を受くる約束《やくそく》を爲すことを得す又和解《わかい》を爲〆仲裁《ちうさい》を受け及ひ訴訟《そしよう》を起《お》すことを得ず

(註)婦は夫の許可《きよか》を得るにあらされは贈與《ぞうよ》を爲し之を受諾《じゆだく》し不動産を讓渡《じやうと》〆之を擔保《たんぽ》に供し借財《しやくさい》を爲し債權《さいけん》を讓渡し之を質入《しついれ》し元本を領收《りやうしう》し保証を約《やく》し及ひ身体《しんたい》ヌ覊絆《きはん》を受くる約束《やくそく》を爲すことを得さるなり又和解《わかい》を爲〆仲裁《ちうさい》を受け及ひ訴訟を起《おこ》すことを得さるものなり

尚ほ云はゞ夫の許可《きよか》を得されは左のことをなすを得す

一　無償《むしよう》にて財産《ざいさん》を人に與《あた》ふること

二　無償にて與へられた財産を受《う》くること

三　不動産《ふどうさん》を人に讓渡《ゆづりわた》すこと

四　不動産を抵當《ていとう》にして借金《しやくきん》すること

五　債權を讓渡すこと例令《たとへ》ば甲より五百圓を受取る權利《けんり》あるを人ヌ讓り渡すか如〆

特定 トクニコレトサダメルコト

六 債權を質入《しついれ》することを例《たと》へば手形《てがた》を質入するが如し
七 元本を受取ること
八 人の爲めに保證人となること
九 身体に羈絆《きはん》を受くる約束《やくそく》を爲すこと例令《たとへ》は毎日甲の宅《たく》に行きて仕事《しごと》をなすとか又は甲の芝居《しばい》に行くときには必す同行《どうとう》するとか云ふ如く約束の爲めに自分の身体を自由にする能はさること
十 爭《あらそ》ひある事件《じけん》に付き和解《わかい》を爲すこと
十一 仲裁《ちうさい》を受くること
十二 裁判所に訴《うつた》を起すこと
右等のことは夫《をつと》の許可《きよか》なきときは決して行ふことを得す

第六十九條 夫の許可《きよか》は特定《とくてい》又は總括《そうくわつ》なることを得但總括の許可《きよか》は證書を以て之を與ふることを要す

總括　ヲシクルメテスベテノコト

夫は夫婦《ふうふ》財產《ざいさん》契約《けいやく》に依《よ》りて與《あた》へたる總括《そうくわつ》の許可《きよか》と雖も之を廢罷《はいひ》することを得

㊟夫の許可《きよか》は特定《とくてい》又は總括《そうくわつ》なることを得るなり但總括の許可《きよか》は證書を以て之を與ふることを要すれなり

夫は夫婦財產契約に依《よ》りて與《あた》へたる總括の許可と雖《いへど》も之を廢罷《はいは》することを得

特定《とくてい》の許可とは或《あ》る定まりたる事に關《くわん》してのみ許可するを云ふ例へば贈與《ぞうよ》を受くることを許可せるときの如し

總括の許可とは凡《すべ》ての事に付き許可するを云ふなり即ち前條に記載《きさい》したる凡ての事件《じけん》をなすことを許可せるときのことなり

而して特別の許可は別に証書を以て與ふることを要せざるも總括《そうくわつ》の許可は必ず証書を以て與《あた》ふることを要するなり

又婚姻前《こんいんぜん》に財產契約《さいさんけいやく》をなしたるときは婚姻後に之を變更《へんかう》するを得さ

瘋癲《キチガイ》

るを以て原則《げんそく》とすれ𪜈も（財産取得編第四百二十二條第二項）本條第二項を以て例外《れいぐわい》を設けたり卽ち夫婦財産契約《ふうふざいさんけいやく》に依りて與へたる總括の許可と雖も之を廢罷《はいひ》することを得るなり

第七十條　左《さ》の塲合《ばあい》に於ては婦《ふ》は夫《ふ》の許可《きよか》を得ることを要《えう》せす

第一　夫か失踪《しつそ》の推定《たいてい》を受けたるとき

第二　夫か禁治産《きんぢさん》又は准《じゆん》禁治《ち》産を受けたるとき

第三　夫か瘋癲《ふうてん》の爲め病院《ひやういん》又は監置《かんち》に在るとき

(註)左の塲合に於ては婦は夫の許可を得ることを要せさるなり

第一　夫か失踪《しつそ》の推定《たいてい》を受けたるとき

第二　夫か禁治産《きんちさん》又は准禁治産《じゆんきんぢさん》を受けさるとき

第三　夫か瘋癲《ふうてん》の爲め病院又は監置に在るとき

右の塲合に於て夫の許可を要せさる所以は許可を得るとするも能《あた》は

負擔 チフ

銷除 ケシノゾク

されはなり

第七十一條　夫《ふ》は婦《ふ》に與《あた》へたる許可《きよか》に因りて義務《ぎむ》を負《ふ》擔《たん》せす

㊟夫は婦に與へたる許可に因りて義務か負擔《ふたん》せさるなり故に婦に他人の保証人となることを許容《きよよう》したるときと雖も夫は敢て保証の義務を負ふものにあらず

第七十二條　夫の許可を得すして婦の爲したる行爲を之か銷除《しようじよ》することを得す

此銷除は夫婦《ふうふ》の各自《かくじ》及ひ婦の承繼人《しようけいにん》に非されは之を請求《せいきう》することを得す

㊟夫の許可を得すして婦の爲したる行爲は之を銷除《しようじよ》することを得るなり

此銷除は夫婦の各自及ひ婦の承繼人《しようれいにん》に非されは之を請求《せいきう》することを

消滅キヘル

得さるものとす

第七十三條　夫に屬《ぞく》する銷除訴權《しようじよそけん》は其銷除し得へき行《かう》爲《い》を知りたる日より五个年の時效《じかう》に因り又は婚姻《こんいん》の解消《かいせう》に因りて消滅《せうめつ》す

婦及ひ其承繼人に屬《ぞく》する婦除訴權は婚姻解消の日より五个年の時效《じかう》に因りて消滅《せうめつ》す財産編第五百四十四條以下の規定《きてい》は本條の銷除訴權に之を適用《てきよう》す

㊟夫に屬する銷除訴權は其消除《せうじよ》し得へき行爲《かうい》を知りたる日より五个年の時効に因り又は婚姻の解消《かいせう》に因りて消滅すへきものなり婦及ひ其承繼人《しようけんにん》に屬する消除訴權は婚姻《こんいん》解消の日より五个年の時効に因りて消滅するなり財産編《ざいさんへん》第五百四十四條以下の規定は本條の消除訴權にも之を適用《てきよう》す

るなり

第七節　罰則《ばつそく》

第七十四條　婚姻《こんいん》申出の時に必要《ひつよう》の書類《しよるい》を差出《さしだ》たさゞめざる身分《みぶん》取扱吏《とりあつかいり》は貳圓以上貳十圓以下の過料《くわりやう》ニ處す

註婚姻申出の時に必要の書類《しよるい》を差出たさしさる身分取扱吏は貳圓以上二十圓以下の過料《くわりやう》に處せらるゝなり

第七十五條　婚姻《こんいん》の不成立《ふせいりつ》又は無効《むかう》たる可き法律上の原因《げんいん》あるを知りて其儀式《ぎしき》を行ふことを差止《さしと》めさる身分取扱吏は三圓以上三拾圓以下の罰金《ばつきん》に處す

註婚姻の不成立又ハ無効たる可き法律上の原因《げんいん》あるを知りて其儀式《ぎしき》を行ふことを差止めさる身分取扱吏は三圓以上三十圓以下の罰金ニ處せらるゝなり

違背《ソムク》
再婚《ニドノヨメイリ》

隱祕《カクス》

第七十六條　第三十二條の制禁《せいきん》に違背《いはい》して再婚《さいこん》を爲したる婦《ふ》は貳圓以上貳拾圓以下の罰金に處す其情《じやう》を知りて婚姻を爲したる夫及ひ婚姻の儀式《ぎしき》を行ふことを差止めさる身分取扱吏《みぶんとりあつかひり》も亦同《また》し

註第三十二條の制禁《せいきん》に違背《そむく》して再婚《さいこん》を爲したる婦は二圓以上二十圓以下の罰金に處せらるゝなり其情を知りて婚姻《こんいん》を爲したる夫及ひ婚姻の儀式《ぎしき》を行ふことを差止めさる身分取扱吏も亦同樣なり

第七十七條　夫婦《ふうふ》の一方にして婚姻の無效《むかう》を致《いた》したる原因を知《し》り之を他《た》の一方に隱祕《いんひ》したる者は三圓以上三拾圓以下の罰金《ばつきん》に處《しよ》す

註夫婦の一方にして婚姻の無効を致したる原因《げんいん》を知り之を他の一方に隱祕《いんひ》したる者は三圓以上三十圓以下の罰金に處せらるゝなり

山田著正義論より夫婦間《ふうふかん》の大倫《たいりん》を題《だい》せる一段《だん》を抄出《しやうしゆつ》して左に掲《かゝ》くへし

夫婦間の大倫《たいりん》

一夫一婦

一夫一婦は人の大倫なり其然る所以《ゆゑん》は如何《いかん》或《あるい》は曰く世界《せかい》男女の數殆《ほと》んを平均《へいきん》せるか故なりと或れ曰く古への聖人君子《せいじんくんし》か之を唱《とな》へたるか故なりと或は曰く生殖機上《せいしよくきじやう》一夫又は一婦の數女數男に接《せつ》するの害《がい》あるか故なりと余思ふに然らす苟《いやしく》も事正義《ことせいぎ》の許《ゆる》す所ならんにそ聖人君子の數を遵奉《じゆんはう》せさるも世界男女の數をして其平均《へいきん》を失へしむるも正義に於て何かわらん生殖機上數男數女に接するの害あるか故なりと云せは姙娠中《にんしんちう》若くは疾病《しつぺい》中に一方の者他の男女に接するも可なりと云はさるへからそ要するに以上の諸点《しよてん》は正理《せいり》上一夫一婦ならさるへからさるをたしかめさるものにあらさるなり

琴瑟和鳴　ナカノヨキコト

一夫一婦は人の大倫なる所以は人生の目的《もくてき》を増進《ぞうしん》するの行爲なるが故なり數夫數婦の人倫に背《そむ》ける所以は人生の目的を妨《さまた》くるの行爲なるが故なり（人生の目的は正義論に於て詳論せり不日上梓を待て一讀すべし）

一夫一婦ならんには相互に全身の愛情《あいじやう》を呈《てい》しつゝあるか故に所謂《いはゆる》琴《きん》瑟和鳴《しつわめい》の樂みあるへきも之れと久しく數男數女と相接するも可なりとせば私生子累々《るいく》として社會に滿《み》ち且つ數女若くは數男一女一男を得んか爲めに相競《きそ》ひ相爭《あらそ》ひ其極《きょく》之れを暴力に訴へ吾人一日も社會に安《あん》んすることを能はさるに到《いた》るへし一夫數婦若くは一婦數夫の人生の目的を妨くるの行爲なるや明かなり

人或は云はん凡ての事物必要より起《おこ》る財產《ざいさん》の權《けん》自由の權の如き皆然り自由は天賦《てんぷ》の權利なりと云ふか如きは社會學の進みさる今日に於ては最早許容《きよよう》すへからす、相共に勞力《ろうりよく》し相共に生活し相共に物品を

圓滑マルクナメラカ

使用《しよう》し而して其間毫ゐ争ゐなからんには財産の權も所有の權をあらさるなり他人との關係圓滑《ゑんこつ》ならんには自由權利などゝ云ふ要なきなりされは家族を婚姻も一夫一婦ゞ皆必要より起りしものなり故に數婦數夫乃必要あらんには之れ亦許容《きよよう》せさるへからす例へは一男に配そる能はさるか爲に二婦若くは數婦の死せんヿするときの如き場合に於ては人生の目的上必要なるか故に當然一夫數婦を許容せさるゝからす子孫《しそん》を得るか爲めに止《や》むなき場合に於ても亦然りと余思ふに此說誤《あやま》れり

或者若し其論理《ろんり》を貫かんとすれは左の場合を是認《ぜにん》せざるへからす

一　妾《せう》を公許《とうき》そる事若くハ重婚を是認《ぜにん》すること

二　私生子を是認すること

三　父母若くは親屬《しんぞく》の許可《きよか》を要せすして結婚《けつこん》すること

四　法律に定めたる結婚年齡に適《てき》せさるも結婚するを得へきこヿ

五　父子間に於ても兄弟姉妹間に於ても結婚するを得へきこと

六　亂倫《らんりん》の子を是認《ぜにん》すること

以上六个は決して道徳《どうとく》の許《ゆる》さゞる所あり故に或者の說も亦是認することを能はす

又子孫を得んか爲めに止むなき場合《ばあひ》に於ては一夫數婦を許せへしと云ふも之れ又誤《あやま》れり子なきは去《さ》ると云ふか如き後なきを不孝《ふかう》の第一とすと云ふか如きは文明社會《しやくわい》のことにあらさるなり何となれは祖先《そせん》英雄豪傑《えいゆうがうけつ》なりとも有名なりとも其子孫必すしも有名の人物となるにあらす英雄豪傑とあるにあらされは社會の公益《こうえき》に於て何《なん》の痛《いた》む所あらされはなり

禮儀《れいぎ》

禮儀の乱《みだ》れ易《やす》きは夫婦間《ふうふかん》より甚《はなは》たしきはなしされはよく注意して親《しん》和《わ》の間にも禮儀を乱《みだ》すへからす我國慣習《くわんしふ》として夫の其妻《さい》を呼《よ》ぶに敬《けい》

語《ご》を用ゐす其名のみを云ふも悪習《あくしゆう》と云ふべし

交合《こうがう》

交合乃事《こと》を説《と》くは余の欲《ほつ》せさる所なれとも今の社會に對《たい》しては是非《ぜひ》とも一言せさるへからす

交合は何の爲めに行ふものなるや快樂《くわいらく》を得んか爲なれか將《は》た子孫《しそん》を擧《あけ》んか爲めなるか之れよく研究《けんきう》すへき所なり余思ふに設生主《せつせいしゆ》にして快樂《くわいらく》其從《そのにゆう》なるへし然らは宜《よろ》しく設生に必要ある時期《じき》に於てすへく設生に必要ならさる時期に於て行ふへからす然れとも世間幾多《せけんいくた》の人快樂を以て主とし時期の如何を顧《かへり》みさるか如し豈歎《あにたん》ぜざるべけんや

貞操《ていさう》

貞操とは松竹の雪霜《せきしも》を凌《しの》き嚴《げん》として其色變《いろへん》せさるか如きを云ふ方今《はうこん》乃人は女子能《ひと》り貞操《ていそう》を守《まも》り男子は之を守るの要なきものと思ひ一婦兩夫《りやうふ》に見《まみ》へすと云ひ一夫兩婦に見《まみ》へすと云はす抑《そもそ》も誤《あやま》れり貞操《ていそう》は夫

婦間の大倫《たいりん》にして夫妻共に守《まも》り寸毫《たんとう》も破《やぶ》るへからさるものなり一夫若くは一婦兩夫若くは兩婦に見《まみ》へすと云ふ金言《きんげん》は夫婦の生存中《せいぞんちう》に於て守るへきものなるや明《あきら》かなり然れとも其一方のもの死去《しきよ》したる後《のち》に於てハ如何に決《けつ》すへきや余は道義上公益上再婚《どうぎしようこうにきしようさいこん》すへきものと信《しん》するなり

第五章　離婚《りこん》

㊟本章は第七十八條に始まり第九十條に終《をは》る凡《すべ》て十三條離婚《りこん》のことを定《さだ》めたるものなり

第一節　協議《きようぎ》の離婚《りこん》

㊟落葉再《らくようふたゝ》ひ樹枝《じゆし》に上《のぼ》らす破鏡再《はきようふたゝ》ひ面《めん》を照《て》らさす入婚《こん》して而して離《はな》るゝや一生洗除《せんじよ》すへからさるの恥辱《ちじよく》を生すに故に一度婚《ひとたびこん》したらんには謹むか上に謹み決して離婚《りこん》するか如きことぞあるへからす然れとも婚姻は一の約束《やくそく》なるか故に之を解《と》くこと能はさるにあらす

協議の離婚《サウダンヅクノリコン》

本節は相談《さうだん》に出る離婚のことを定め後即ち或《あ》る原因《げんいん》に基く離婚のことを定めたり

第七十八條　夫婦《ふうふ》は下に定めたる條件及ひ方式《はうしき》に從ひ協議《きやうぎ》を以て離婚《りこん》を爲すことを得

(註)夫婦は下に定めたる件條及ひ方式に從ひ協議《きやうぎ》を以て離婚を爲すことを得《う》るなり

第七十九條　離婚《りこん》せんとする夫婦は婚姻《こんいん》許諾《きよだく》の爲め第四章第一節に定めたる規則《きそく》に從ひ各其父母、祖父《そふぼ》母又は後見人《こうけんにん》の許諾を受くることを要す

(註)離婚《りこん》せんとする夫婦は離姻許諾の爲め第四章第一節に定めたる規則に從ひ各其父母、祖父母《そふぼ》又は後見人の許諾《きよだく》を受《う》くることを要せるなり

第八十條　夫婦は離婚《りこん》協議書《きやうぎしよ》に左の書類《しよるい》を添《そ》へて身分

特定原因の離婚　トクニサダメタゲンインガアルカラノリエン
不受理　ウケナイ

取扱吏に届出《とゞけい》つ可し
第一　婚姻證書《しようしよ》
第二　離婚の許諾《きよだく》を與《あた》ふ可き者の許諾書《きよだくしよ》若し其者死亡し又は意思《いし》を表《ひよう》する能はさるときは死亡證書《しばうしようしよ》又は其事由《じゆ》を證する書類《しよるい》

㊟夫婦は離婚協議書に左《さ》の書類を添《そ》へて身分取扱吏に届出《とゞけ》つへきなり
第一　婚姻証書《こんいんしやうしよ》
第二　離婚《りこん》の許諾を與ふへき者の許諾書《きよだくしよ》若し其者死亡し又は意思《いーし》を表する能はさるときは死亡証書又は其事由《じゆ》を証する書類

第二節　特定原因《とくていげんいん》の離婚《りこん》

第一款　離婚《りこん》及ひ不受理《ふじゆり》の原因《げんいん》

第八十一條　離婚は左の原因《げんいん》あるに非されは之を請求《せいきう》

暴虐　ランボウ
脅迫　ヲビヤカシセマル
侮辱　アナドリハヅカシメル
猥褻　ミダラナコト

することを得す

第一　姦通《かんつう》但夫か姦通《かんつう》は刑に處《しよ》せられたる場合《ばあい》に限る

第二　同居《どうきよ》に堪《た》へさる暴虐《ばうぎやく》、脅迫《きようはく》及ひ重大の侮辱《ぶじよく》

第三　重罪に因れる處刑《しよけい》

第四　竊盜《せつとう》、詐欺《さぎ》取《し》財《ざい》又は猥褻《わいせつ》の罪よ因れる重禁錮一年以上の處刑

第五　惡意《あくい》の遺棄《いき》

第六　失踪《しつそう》の宣言《せんげん》

第七　婦又は入夫より其家の尊屬親《そんぞくしん》に對《たい》し又は尊屬親より婦《ふ》又は入婦に對する暴虐、脅迫《きようはく》及ひ重大の侮辱《ぶじよく》

㊟離婚は左に記載《きさい》する原因《げんいん》中の一あるにあらされは之を請求するこ

ことを得さるものなり

第一　姦通《かんつう》但夫の姦通《かんつう》は刑に處《しよ》せられたる場合《ばあい》に限る

婦の姦通ありしときは夫は如何《いか》なる場合《ばあい》ニ於ても離婚《りこん》を請求《せいきう》することを得べし

夫の姦通《かんつう》ありしときは刑《けい》ニ處《しよ》せられたる場合にあらされは婦《ふ》は離婚《りこん》を請求することを得す卽ち夫か他人《たにん》の妻《さい》と通《つう》じ而して處刑《しよけ》せられたる場合に限るなりされど夫は他《た》の女と通《つう》するも又他人の妻《さい》と通せるも處刑《しけい》せられざるに於ては婦は離縁《りゑん》を請求《せいきう》することを得ず

法律の規定《きてい》は右の如し余は何《なに》か故に夫と婦との間《あいだ》ニ如斯《かくのごとき》の差違《さい》を設けたるや解《かい》する能はず只《た》た天《てん》に向て人心《にんしん》の腐敗《ふはい》を歎《たん》せんのみ

第二　同居《どうきよ》に堪《た》へさる暴虐《ぼうぎやく》、脅迫《きようはく》及ひ重大の侮辱《ぶじよく》

夫妾《めかけ》を畜《たく》ふる場合の如きハ重大の侮辱と云ふべきなり故に夫妾を其家ニ畜へたるときは固《もと》より他ニ畜へ置《を》くときと雖も婦より離婚《りこん》を請

求することを得へきなり

第三　重罪に因《よ》れる處刑《しよけい》

重罪を犯して重罪刑に處せらるゝ場合をのみいふにあらす重罪を犯して輕罪刑に處せられたるときも此項中に包含するなり

第四　竊盜《せつとう》、詐欺《さぎ》取財《しざい》又は猥褻《わいせつ》の罪に因れる重禁錮《きんこ》一年以上の處刑

第五　惡意《あくい》の遺棄《いき》

惡意の遺棄《いき》とは夫《をつと》を夫とせす又は妻を妻とせすして權利《けんり》義務《ぎむ》を行はさることを云ふ俗《ぞく》に云はゞ所謂《いはゆる》みかへりもせぬことなり

第六　失跡《しつそ》の宣言《せんげん》

第七　婦又は入夫より其家の尊屬親《そんぞくしん》に對《たい》し又は尊屬親より婦《ふ》又は入夫に對《たい》する暴虐、脅迫《きようはく》及ひ重大の侮辱《ぶじよく》

第八十二條　離婚《りこん》の請求《せいきう》を爲す一方に對《たい》して離婚の原《げん》

因《いん》存《そん》するときは他の一方も反訴《はんそ》を以て離婚を請求することを得

然れとも前條第三號及ひ第四號に記載《きさい》する重罪又は輕罪の刑に處《しよ》せられたる一方は他の一方の處刑を原《げん》因《いん》として離婚を請求《せいきう》することを得す

㊟離婚の請求を爲す一方に對して離婚の原因存《げんいんそん》せるときは他《た》の一方も反訴を以て離婚を請求することを得るなり即ち夫か婦を相手《あいて》取りて姦通《かんつう》したる故に離婚を求《もと》むと訴へたるときに婦も亦《また》夫か惡意《あくい》の遺《い》棄《き》あるときは此旨《むね》を主張して反訴することを得るなり

然れとも前條第三號及ひ第四號に記載《きさい》せする重罪又は輕罪の刑に處せられたる一方は他の一方の處刑《しよけい》を原因として離婚を請求することを得さるものなり蓋し双方共に其責《せき》あるによる

第二款　假處分《かりしよぶん》

監護　マモルコト
第三者　夫婦外ノモノ
許可　ユルシ

第八十三條　離婚の訴訟中《そしようちう》子《こ》の監護《かんご》は原告又は被告《ひこく》たるを問《とは》はす夫に属《ぞく》す但入夫及ひ婿養子《むこやうし》に付ては婦《ふ》に属す
然れとも裁判所《さいはんしよ》は夫、婦、親族《しんぞく》又は検事《けんじ》の請求に因《よ》り子の利益《りにき》を慮《おもんぱか》りて其監護《かんご》を他《た》の一方又は第三者《しや》に命《めい》することを得

(註)離婚の訴訟中子の監護《みまもり》は原告又は被告たるを問《と》はす夫に属《ぞく》す但入夫及ひ婿《む》養子《やうし》に付ては婦に属《ぞく》するなり
然れとも裁判所は夫、婦、親族又は検事の請求《せいきう》に因り子の利益《りえき》を慮《おもんぱか》りて其監護を他の一方又は第三者即ち夫婦外《ぐわい》の者に命《めい》することを得るなり

第八十四條　離婚《りこん》の訴訟中婦《ふ》は原告《げんこく》又は被告《ひこく》たるを問《と》はす裁判所の許可《きよか》を得て住家を去《さ》ることを得此場合《ばあひ》

養料　ヤシナイリヨウ

に於ては自己の衣服《いふく》其他の日用物品《ぶつひん》を持去り且必要あるときは養料《やうりやう》を請求することを得裁判所は夫の意見《いけん》を聴《き》きて婦の移居《いきよ》す可き家屋《かをく》を指示することを要す若し婦か正當《せいたう》の理由《りゆ》なくして其家《か》屋《をく》を去《さ》るときは夫は養料《やうりやう》を拒《こば》むことを得

㊟離婚《りこん》の訴訟中婦《ふ》は原告又は被告たるを問はす裁判所の許可《きよか》を得て住家を去ることを得れなり此場合《ばあい》に於ては自己の衣服《いふく》其他の日用物品を持去り且必要あるときは養料を請求《せいきう》することを得るなり裁判所は夫の意見《いけん》を聴《き》きて婦の移居《いきよ》すへき家屋を指示すへきなり若し婦か正當の理由《りや》なくして其家屋を去るときは夫は養料を拒《こば》はあとを得るなり

第八十五條　入夫及ひ婿養子《むこやうし》に付ては裁判所は離婚《りこん》の訴訟中夫をして住家を去《さ》らしむることを得此場合に

於ては前條第一項の規定《きてい》を適用《てきよう》す

㊟入夫及び婿養子《むこやうし》に付ては裁判所は離婚の訴訟中夫をして住家を去らしむることを得るなり此場合に於ては前條第一項の規定《きてい》を適用するものとす

第八十六條　裁判所は住家を去る婦《ふ》又は夫《ふ》の請求《せいきう》に因《よ》り其財産《ざいさん》を保存《ほぞん》する爲めに必要なる處分《しよぶん》を命ずることを得

㊟裁判所《さいばんしよ》は住家を去《さ》る婦又は夫の請求に因り其財産を保存《ほぞん》する爲めに必要なる處分《しよぶん》を命《めい》ずることを得るなり

第二款　離婚《りこん》の訴《うつたへ》

第八十七條　離婚《りこん》を請求《せいきう》する訴權《そけん》は夫婦《ふうふ》のみに屬《ぞく》す

㊟離婚を請求する訴權《そけん》は夫婦のみに屬《ぞく》するものなり故に假令《たとひ》父母と雖《いへど》も離婚《りこん》を請求することを得るなり

通常　アタリマヘノ
自白　ジブンテジブンノコトヲイフコト即チハクジヨウ
確定　キチントキマル
監護　コチマモルコト

第八十八條　離《り》婚《こん》の原因《げんいん》は通常《つうじやう》の證據《しやうこ》方法《はうはふ》を以て之を證《しやう》す可し但し自《じ》白《はく》のみを以て之を證《しやう》することを得す又卑《ひ》属《ぞく》親《しん》を除《のぞ》く外親《しん》族《ぞく》、姻《いん》族《ぞく》又は雇人《やといにん》に關《くわん》する忌避《きひ》の規定《きてい》を適用《てきやう》せす

註　離婚の原因《げんいん》は通常《つうじやう》の証據方法《しやうこはうはふ》を以て之を証《しやう》す可きものなり但し自白のみを以て之を証することを得さるものとす又卑属親を除《のぞ》く外親族、姻族又は雇人《やといにん》に關《くわん》する忌避《きひ》の規定《きてい》を適用せさるものとす

第三節　離《り》婚《こん》の效力《かうりよく》

第八十九條　離婚は其届出《とゞけいて》又は裁判《さいばん》確定《かくてい》の後に非されは效力《かうりよく》を生せす

註　離婚は其届出《とゝけいて》又は裁判確定《かくてい》の後に非されは効力を生せさるものなり

第九十條　離婚の後子の監護《かんご》は夫に屬《ぞく》す但夫及ひ婿《むこ》

養子《やうし》に付ては婦《ふ》に属《ぞく》す

然れども裁判所《さいはんしよ》は夫、婦、親族又は撿事《けんじ》の請求《せいきう》に因て子の利益《りえき》を慮《おもんばか》りて之を他の一方又は第三者の監護《かんご》に付することを得

㊟離婚《りこん》の後子の監護《かんご》は夫に属《ぞく》するものとす但し夫及び婿養子《むこやうし》に付ては婦に属するなり

然れども裁判所は夫、婦、親族又は撿事の請求《せいきう》に因り子の利益《りえき》を慮りて之を他の一方又は第三者即ち夫婦外《ぐわい》の者の監護《かんご》に付することを得るなり

第六章　親子《おやこ》

㊟本章は第九十一條に始まり第百五條に終《をは》る凡て十五條親子《しんし》のことを定めたるものなり

第一節　親子《しんし》の分限《ぶんげん》の證據《しやうこ》

嫡出子 夫婦ノ間ニデキタル子

第九十一條　婚姻中に懐胎《くわいたい》したる子は夫《をつと》の子とす婚姻の儀式《ぎしき》より百八十日後《ご》又は夫の死亡《しばう》若くは離婚《りこん》より三百日内に生まれたる子は婚姻中に懐胎《くわいたい》したるものと推定《すいてい》す

註婚姻中に懐胎《くわいたい》したる子は夫の子とすへきや勿論《もちろん》なり婚姻の儀式《ぎしき》より百八十日後又は夫の死亡若くは離婚より三百日内に生まれたる子は婚姻中に懐胎《くわいたい》したるものと推定《すいてい》するなり故に婚姻の儀式より百八十日前又は離婚より三百日後に生まれたる子は婚姻中の子にあらずと推定するなり

第九十二條　嫡出子《てきしゆつし》は出生證書《しゆつせいしやうしよ》を以て之を證す

註嫡出子《てきしゆつし》たることは出生証書を以て之を証すへきなり

第九十三條　出生證書を呈示《ていし》する能はさるときは親子《しんし》の分限《ぶんげん》は嫡出子《てつしゆつし》たる身分《みぶん》の占有《せんいう》を以て之を證そるて

主張《イヒハル》
湊合《アツマリアフ》
著明《アキラカ》

とを得但第二百九十一條の規定《きてい》の適用を妨《さまた》けす

㊟出生證書を呈示《ていし》する能《あた》はさるときは親子の分限《ぶんけん》は嫡出子たる身分の占有《せんいう》を以て之を證することを得るなり但第二百九十一條の規定の適用を妨《さまた》けさるものとす

第九十四條　身分《みぶん》の占有《せんいう》とは夫婦《ふうふ》と其《その》婚姻《こんいん》に因《よ》りて生《う》まれたりと主張《しゆちやう》する者との間其者の出生の時《とき》より親《おや》子《こ》の分限《ぶんけん》を證するに足《た》る可き事實の湊合《そうがう》するを謂ふ
其事實の著明《ちよめい》なるもの左の如し
第一　子なりと主張《しゆちやう》する者か常に其父なりとする者の氏《し》を稱《しよう》したること
第二　子なりと主張する者か常に其父母《ふぼ》なりとする者より嫡出子《てきしゆつし》の如く取扱《とりあつか》はれ其養育《やういく》、教育《きやういく》を受《う》けたること

第三　子なりと主張する者か常に親族《しんぞく》及ひ世上に於て嫡出子と認《みと》められたること

註身分の占有《せんいう》とは夫婦と其婚姻に因りて生まれたりと主張する者との間其者の出生の時より親子の分限《ぶんげん》を証するに足《た》るへき事實の湊合《そうがふ》するを謂ふなり其事實の著明なるもの左の如し

第一　子なりと主張する者か常に其父なりとする者の氏《し》を稱したること即ち父か山田と云ふ姓《せい》ならは其子常に山田と云《い》ひをりしこと

第二　子なりと主張する者か常に其父母なりとする者より嫡出子の如く取扱《とりあつかひ》はれ其養育《やういく》、教育《きやういく》を受けたること

第三　子なりと主張する者が常に親族及ひ世上に於て嫡出子と認《みと》められたること

第九十五條　庶子《しよし》は父の届出《とゞけいで》に基《もとづ》く出生證書《しゆつせいしようしよ》を以て之

庶子　父母ハ知レテヰレトモ夫婦テナキモノヽ間ニデキタ子卽チメカケノ子

を證す但身分《みぶん》の占有《せんいう》に關《くわん》する規定《きてい》を適用《てきよう》す

㊟庶子《しよし》は父の屆出《とゞけへで》に基《もとづ》く出生證書を以て之を證す但身分の占有に關する規定を適用《てきよう》するものとす

第九十六條　父の知《し》れさる子は私生子《しせいし》とす

㊟私生子《しせいし》とは父の何《なん》の誰《た》れなるや知れさる子を云ふ

第九十七條　私生子は出生證書《しゆつせいしようしよ》を以て之を證す但身分《みぶん》の占有《せんいう》に關する規定《きてい》を適用す

㊟私生子は出生證書を以て之を證するなり但身分の占有に關する規定を適用《てきよう》するものとす

第九十八條　私生子《しせいし》は父之を認知《にんち》するに因《よ》りて庶子《しよし》と爲る

㊟私生子は父之を認知《にんち》したるときは庶子《しよし》となるなり

庶子とは父の知《し》れさるにあらさるも夫婦《ふうふ》間《かん》に出生したるものにあら

さる子を云ふ

第九十九條　庶子《しよし》の出生届《しゆつせいとゞけ》及ひ認知《にんち》を父自ら身分取扱《みぶんとりあつかひ》吏《り》に之を爲すことを要す未成年者《みせいねんしや》と雖も自ら之を爲すことを得

註庶子《しよし》の出生届及ひ認知《にんち》は父自ら身分取扱吏《みぶんとりあつかひり》に之を爲すことを要するなり未成年者即ち二十才未滿《みまん》のものと雖とも自ら之を爲すことを得《う》るものとす

第二節　否認訴權《ひにんそけん》

第百條　否認訴權《ひにんそけん》は夫《ふ》のみに屬《ぞく》す但子の出生後《しゆつせいご》に非《あら》されは之を行ふことを得す

註否認訴權《ひにんそけん》は夫《ふ》のみに屬《ぞく》するものなり而して此訴權は子の出生後にあらされは之を行ふことを得さるものとす

否認訴權とは子の我《わ》れの子にあらすと主張《しゆちやう》する權利《けんり》を云ふ

隱祕カクス
起算カゾヘハジメル
遠隔トヲクヘダタル

第百一條　夫か民事上《みんじじやう》の禁治産《きんちさん》を受けたるときは後見《こうけん》人《にん》又は後見監督人《こうけんかんとくにん》は親族會《しんぞくくわい》の許可《きよか》を得て否認訴權《ひにんそけん》を行ふことを得

註夫か民事上《みんじじやう》の禁治産《きんちさん》を受けたるときは後見人《こうけんにん》又は後見監督人《こうけんかんとくにん》は親族會の許可《きよか》を得て否認訴權を行ふことを得るものなり

第百二條　夫《ふ》か子の出生《しゆつせい》の場所《ばしよ》に在るときは出生より三个月の期間内《きかんない》に限り否認訴權《ひにんそけん》を行ふことを得但夫《ふ》か婦《ふ》と住家を異《こと》にし又は婦《ふ》か子の出生《しゆつせい》を夫に隱祕《いんひ》したるときは此期間《きかん》は子の出生を知りたる日より起算《きさん》す

若し夫か遠隔《ゑんかく》の地に在るときは訴權《そけん》の期間《きかん》を四个月とし子の出生を知りたる日より起算《きさん》す

註夫か子の出生の場所《ばしよ》に在るときは出生より三个月の期間内《きかんない》に限り

嫡出子フウフノアイダニデキタル子

認知ミトムル

否《ひ》認《にん》訴《そ》権《けん》を行ふことを得るなり夫か婦と住家を異にし又は婦《ふ》か子《こ》の出生を夫に隠祕《いんぴ》したるときは此期間《きかん》は子の出生を知りたる日より起算するものとす

若し夫か遠隔《ゑんかく》の地に在るときは訴権《そけん》の期間《きかん》を四个月とし子の出生を知りたる日より起算《きさん》するものとす

第三節　庶子《しよし》及ひ私生子《しせいし》の嫡出子《てきしゆつし》と為《ゐ》る権《けん》

第百三条　庶子《しよし》は父母の婚姻《こんいん》に因りて嫡出子《てきしゆつし》と為《ゐ》る

私生子は父母の婚姻《こんいん》の後父《ふ》の認知《にんち》したるに因りて嫡《てき》出子《しゆつし》と為《ゐ》る

㊟庶子は父母の婚姻《こんいん》に因りて嫡出子《てきしゆつし》と為《ゐ》る為るなり
私生子は父母の婚姻《こんいん》の後父の認知《にんち》したるに因りて嫡出子と為るものなり

第百四条　死亡したる子と雖も前条の規定《きてい》に依り嫡出《てきしゆつ》

確定《キマ》ル

子と爲る此場合《ばあい》に於ては其效力《かうりよく》は子の生みたる子を利《り》す

註死亡《しばう》したる子と雖も前條《ぜんじよう》の規定《きてい》に依り嫡出子と爲る也而して此場合に於ては其効力は子の生みさる子を利益《りゑき》するなりたとへは庶子《しよし》の生《う》みたる子の相續《さうぞく》することを能はさる場合に於て嫡出子の子とすれは其子に大なる利益あるなり

第百五條　父母《ふぼ》の婚姻《こんいん》の時《とき》まてに父子の分限《ぶんげん》確定《かくてい》したる者は婚姻《こんいん》の日より又婚姻の後に確定《かくてい》したる者は確《かく》定《てい》の日より嫡出子の權利《けんり》を有す

註父母の婚姻《こんいん》の時まてに父子の分限《ぶんげん》確定したる者は婚姻の日より又婚姻の後に確定《かくてい》したる者は確定の日より嫡出子の權利《けんり》を有するものなり

第七章　養子《やうし》緣組《えんぐみ》

註本章は第百六條に始まり第百三十六條に終る凡て三十二條養子緣組のことを定めたるものなり

第一節　養子《やうし》緣組《えんぐみ》に必要なる條件《じよけん》

第百六條　何人《なんひと》と雖も養子を爲る可き者より年長《ねんちやう》にして成年《せいねん》なるに非されは養子を爲すことを得す

遺言《いげん》を爲す能力《のうりよく》ある者は遺言養子《いげんやうし》を爲すことを得

註何人《なんひと》と雖も養子と爲るへき者より年長《ねんちやう》にして成年《せいねん》なるにあらされは養子を爲すことを得さるなり故に養子《やうし》を爲すもの三十才なるときは二十才以上の養子を爲すことを得す又已れ二十才以上にあらされは養子を爲すことを得す

遺言《いげん》を爲す能力ある者は遺言養子を爲すことを得るなり

第百七條　家督相續《かとくさうぞく》を爲す可き男子《だんし》ある者は養子と爲すことを得す

被後見人 後見セラルヽヒト

許諾 ユルシ

配偶者 夫又ハ婦ノコトナリ

註 家督相続《かとくさうぞく》を為すへき男子ある者は養子を為すことを得さるものなり

第百八條　後見人《こうけんにん》は管理《くわんり》の計算《けいさん》を為ささる前に被後見《ひこうけん》人《にん》を養子と為すことを得す但遺言養子《いけんやうし》と為すは此限に在らす

註 後見人《こうけんにん》は管理《くわんり》の計算《けいさん》を為さゝる前に被後見人《ひこうけんにん》を養子《やうし》と為すことを得さるなり然れとも遺言養子《いけんやうし》と為すは此限に在らす

第百九條　戸主《こしゆ》に非さる者は養子《やうし》を為すことを得す但推定家督相続人《たいていかとくさうぞくにん》にして戸主の許諾《きよだく》を得たる者は此限に在らす

註 戸主に非さる者は養子を為すことを得さるなり但推定家督相続人にして戸主の許諾《きよだく》を得たる者は此限に在らす

第百十條　配偶者《はいぐうしや》ある者は其配偶者の承諾《しやうだく》を得るに非

されは養子を爲すことを得す但配偶者か其意思《いし》を表する能《あた》はさるときは此限《げん》に在らす

配偶者ある者は其配偶者と一致《いつち》するに非されは養子《やうし》と爲ることを得す

註　配偶者《はいぐうしや》ある者は其配偶者の承諾《しようだく》を得るにあらされは養子を爲すことを得さるなり尤も配偶者《はいぐうしや》か其意思《いし》を表する能はさるときは此限にあらすとす

配偶者ある者は其配偶者と一致するにあらされは養子《やうし》と爲ることを得さるものとす卽ち養子《やうし》となるときは夫婦共《ふうふとも》に養子となるべく夫又は婦のみ他の養子となることを得す

第百十一條　家督《かとく》相續《さうぞく》に因りて戸主《こしゆ》と爲りたる者は他《た》人《にん》の養子《やうし》と爲ることを得す

又《また》推定《すいてい》家督《かとく》相續《さうぞく》人《にん》は他人の養子と爲ることを得す

承繼　ツグ

當事者　當人ノコトナリ

慣習　世ノナラハシ

然れとも分家《ぶんけ》より本家《ほんけ》を承繼《しようけい》する必要《ひつよう》あるときは本條の規定《きてい》を適用《てきよう》せす

㊟家督相續に因りて戸主と爲りたる者ハ他人乃養子と爲ることを得さるなり

又推定家督相續人は他人の養子と爲ることを得さるなり

然れとも分家より本家を承繼する必要なるときは本條の規定《きてい》を適用《てきよう》せさるものとす

第百十二條　外國人《ぐいこくにん》は日本人《にほんじん》の養子《やうし》と爲ることを得す

㊟外國人は日本人の養子と爲ることを得さるなり但し外國人日本に歸化し而して日本人の養子と爲ることを得るは當然なり

第二節　養子《やうし》縁組《ゑんぐみ》の儀式《ざしき》

第百十三條　養子《やうし》縁組《ゑんぐみ》は當事者《とうじしや》の承諾《しやうだく》よ因りて成る

此《この》承諾は證人《しようにん》二人の立會《たゞあい》を得て慣習《くわんしゆう》に從ひ縁組《ゑんぐみ》の儀《ぎ》

代用ルカハ

式《しき》を行ふに因りて成立《せいりつ》す

縁組の儀式を行ふに付ては第四十三條、第四十六條及ひ第四十八條の規定《きてい》を適用《てきよう》す

註 養子縁組は常事者の承諾に因りて成るなり

此承諾は証人二人の立會を得て慣習《くわんしう》に從ひ縁組《えんぐみ》の儀式《ぎしき》を行ふに因りて成立するなり

縁組の儀式を行ふに付ては第四十三條、第四十六條及ひ第四十八條の規定を適用《てきよう》するものとす

第百十四條　當事者《とうじしや》は身分《みぶん》取扱吏《とりあつかひり》に縁組《えんぐみ》の申出《もうしいで》を爲さ時に於て左の書類《しよるい》を差出《さしいだ》す可し

第一　養子を爲す者及ひ養子と爲る者の出生證書《しゆつせいしようしよ》

又は之を代用《だいよう》する保《ほ》證書《しようしよ》

第二　家督相續《かとくさうぞく》を爲す可き男子《なんし》なきことを證《しよう》する

身分取扱吏の認《にん》定《てい》書《しよ》又は推《すい》定《てい》家《か》督《とく》相《そう》續《ぞく》人《にん》廢《はい》除《じよ》の証《しよう》書《しよ》

第三、配《はい》偶《ぐう》者《しや》の承諾書又は承諾を得る能はさる事《じ》由《ゆ》を證する書《しよ》類《るい》

第四　後《こう》見《けん》管《かん》理《り》の計《けい》算《さん》を爲したる証明書《しようめいしよ》

第五　縁《えん》組《ぐみ》に必《ひつ》要《よう》なる許《きよ》諾《だく》書《しよ》又は許諾を得る能はさる事由を証する書類

㊟當《とう》事《じ》者《しや》は身分取扱吏に縁組の申出を爲す時に於て左の書類を差出たすへきものなり

第一　養子を爲す者及ひ養子と爲る者の出生証書又は之に代用する保証書

第二　家督相續を爲すへき男子なきことを証する身分取扱吏の認定書又は推《すい》定《てい》家《か》督《とく》相《そう》續《ぞく》人《にん》廢《はい》除《じよ》の証書

第三　配偶者の承諾書又は承諾を得る能はさる事由を証する書類

第四　後見管理《こうけんかんり》の計算《けいさん》を爲したる証明書

第五　縁組《えんぐみ》に必要なる許諾書《きよだくしよ》又は許諾を得る能はざる事由を証する書類

第百十五條　滿十五年に至らさる子の縁組《えんぐみ》は父母之を承諾《しようだく》することを得

父母の一方か死亡《しばう》し又は其《その》意思《いし》を表する能はさるときは他の一方に於て縁組を承諾することを得

父母共に死亡し又は其意思《いし》を表する能はさるときは其家の祖父母《そふぼ》若しくは其一方か死亡《しばう》し又は其意思を表する能はさるときは他の一方に於て縁組を承諾することを得

(註)養子は其當事者に於て承諾すへきは原則《げんそく》なれとも滿十五年に至ら

さる子の縁組は父母之を承諾《しようだく》することを得るなり
父母の一方か死亡し又は其意思を表する能はさるときは他の一方に於て縁組を承諾することを得るなり
父母共に死亡し又は其意思を表する能はさるときは其家の祖父母若し其一方か死亡し又は其意思《いし》を表する能はさるときは他の一方に於て縁組を承諾することを得るなり

第百十六條　満十五年に至りたる者は父母の許諾《きよだく》を受けて縁組《えんぐみ》找承諾《しようだく》することを得
父母の一方か死亡《しぼう》し又は其意思《そのいし》を表する能はさると死は他の一方の許諾を以て足《た》る
父母共に死亡し又は其意思を表《ひやう》する能はさるときは其家の祖父母《そふぼ》の許諾を受く可し若し祖父母の一方か死亡し又は其意思を表する能はさるときは他の一方

の許諾を以て足る

註満十五年に至りたる者は父母の許諾《きよだく》を受けて縁組を承諾することを得るなり

父母の一方か死亡し又は其意思を表する能ハさるときは他の一方の許諾を以て足るなり

父母共に死亡し又は其意思を表する能はさるときは其家の祖父母の許諾を受く可し若し祖父母《そふぼ》の一方か死亡志又は其意思《そのいし》を表する能はさるときは他乃一方の許諾《きよだく》を以て足るなり

第百十七條　父母《ふぼ》、祖父母《そふぼ》悉《ことごと》く死亡《しぼう》し又は其意思《そのいし》を表する能はさるときは二十年未満の者に限り前二條ニ定めたる年齢の區別に從ひて後見人《こうけんにん》之を承諾《しよだく》し又は其《その》許諾《きよだく》を與ふ

註父母、祖父母悉く死亡し又は其意思を表する能はさるときは二十

繼・母《ギリノハヽ》

年未滿の者ヌ限り前二條に定めたる年齢《ねんれい》の區別《くべつ》に從ひて後見人之を承諾し又は其許諾を與ふへきなり

第百十八條　私生子《しせいし》の養子《やうし》緣組《えんぐみ》に付ては母之を承諾《しようだく》し又は其《その》許諾《きよだく》を與ふ父母の知れさる子に付ては前條《ぜんじよう》の規定を適用《てきよう》す

㊟私生子の養子緣組に付ては母之を承諾し又は其許諾を與ふるなり「父母の知れさる子に付ては前條の規定を適用すへきなり」

第百十九條　前數條《ぜんそじよう》の場合《ばあい》に於て繼父《けいふ》又は繼母《けいぼ》あるときは第三十八條第三項の規定《きてい》を適用《てきよう》す

㊟前數條の場合に於て繼父《けいふ》又は繼母《けいぼ》あるときは第三十八條第三項の規定を適用《てきよう》するなり

第百二十條　育兒院《いくじいん》に在りて父母の知れさる子の緣組《えんぐみ》は二十年未滿《みまん》に限り第百十五條及ひ第百十六條に定

欠缺《カケル》

めたる年齡《ねんれい》の區別《くべつ》に從ひて院長《いんちやう》之を承諾《しようだく》し又は其許《そのきよ》諾《だく》を與ふることを得

㊟育兒院に在りて父母の知れさる子の緣組は二十年未滿に限り第百十五條及ひ第百十六條に定めたる年齡の區別に從ひて院長之を承諾し又は其許諾を與ふることを得るなり

第百二十一條　婿養子《むこやうし》緣組《えんぐみ》に付ては婚姻《こんいん》の申出《まうしいで》を爲し時に於て當事者《たうじしや》は婿義子《むこやうし》緣組を爲しその意思を身分取《みぶんとり》扱吏《あつかいり》に申出つ可し

此《この》緣組《えんぐみ》に必要なる條件《じようけん》の欠缺《けつけつ》するときは身分取扱吏は婚姻の儀式《ぎしき》を差止《さしと》むることを得

此緣組は婚姻の儀式を行《おこな》ふに因《よ》りて成《な》る

㊟婿養子《むこやうし》緣組《えんぐみ》に付ては婚姻の申出を爲す時に於て當事者は婿養子緣組を爲しその意思を身分取扱吏に申出つへきなり

此縁組《このゑんぐみ》に必要なる條件の欠缺するときは身分取扱吏は婚姻の儀式を差止むることを得るなり

此縁組と婚姻《こんいん》の儀式《ぎしき》を行ふに因りて成るなり

第百二十二條　遺言養子《いげんやうし》縁組《ゑんぐみ》は遺言書を以て之を爲す此《この》遺言は養子を爲す者の死亡《しぼう》の日に家督《かとく》相續《そうぞく》を爲す可き卑属親《ひぞくしん》あるときは其效《そのこう》を失《うしな》ふ

㊟遺言養子縁組は遺言書《いげんしよ》を以て之を爲すへきなり此遺言は養子を爲す者の死亡の日より家督相續《かとくそうぞく》を爲すへき卑属親あるときは其効を失ふなり

第百二十三條　遺言養子《いげんやうし》を爲す者の死亡《しぼう》したるときは第百十五條以下の規定《きてい》に從ひて縁組《ゑんぐみ》の受諾を爲す可し

㊟遺言養子《いげんやうし》を爲す者の死亡したるときは第百十五條以下の規定に從

違背《ソムク》

ひて縁組の受諾を爲すへきなり

第百二十四條　縁組《ゑんぐみ》の儀式《ぎしき》を行ひ又は縁組の受諾《じゆだく》を爲したるときは當事者《とうじしや》より十日內ニ身分《みぶん》取扱吏《とりあつかいり》に届出《とゞけい》つ可し但此届出は代理人《だいりにん》を以て之を爲すことを得

㊟縁組《ゑんぐみ》の儀式を行ひ又は縁組の受諾を爲したるときは當事者より十日內に身分取扱吏に届出つへきなり尤も此届出は代理人を以てすることを得るなり

第百二十五條　第五十條乃至《ないし》第五十二條の規定《きてい》は之を縁組《ゑんぐみ》に適用《てきよう》す但本章第一節に定めたる條件に違背《いはい》せさることを要す

㊟第五十條乃至第五十二條の規定は之を縁組に適用するなり尤も本《ほん》章《しよう》第一節に定めたる條件に違背せさることを要す

第三節《せつ》　養子《やうし》縁組《ゑんぐみ》の證據《しようこ》

不成立ナリタヽヌコト
無効カウカナイ
喪心イゼンノコヽロヲウシナイタルヿ
欠缺カケル

第百二十六條　縁《えん》組《ぐみ》は縁《えん》組《ぐみ》證《しよう》書《しよ》を以て之を證す但第二百九十一條の規定の適用を妨《さまた》けす
第五十四條の規定《きてい》は縁組に之を適用《てきよう》す

註 縁組は縁組証書を以て之を証すへきものなり但第二百九十一條の規定の適用《てきよう》を妨けさるなり
第五十四條の規定は縁組にも之を適用すへきものなり

第四節《せつ》　養《やう》子《し》縁《えん》組《ぐみ》の不《ふ》成《せい》立《りつ》及ひ無《む》效《かう》

第百二十七條　縁《えん》組《ぐみ》は人《ひと》違《ちがひ》、喪《さう》心《しん》又は強《きやう》暴《ばう》に因りて承《しよう》諾《だく》の全く欠《けつ》缺《けつ》したるときは不《ふ》成《せい》立《りつ》とす

註 縁組は人違、喪心又は強暴《きやうばう》等の為めに全く承諾を欠きたるときは成立《せいりつ》せさるものとす
たとへは甲者《かうしや》なりと信《しん》して乙者と約束《やくそく》したるときは人違なり故に全く承諾なきものなり又《また》平常《へいじやう》の心を失ふたるとき或は暴行《ばうかう》を受け止む

違背 ソムク
現實ノ利 ルニヨリ利 益アルモノ
無効 トス

なくして約束したるときの如きも亦承諾なきものなり

第百二十八條　縁組《えんぐみ》は本章《ほんしやう》第一節に定めたる條件の一に違背したるときは無效《むこう》とす

此無效は第百三十條の場合《ばあい》を除《のぞ》き外當事者《とうじしや》其他現實《げんじつ》の利益《りえき》を有する者及ひ檢事より何時《なんどき》にても之を請求《せいきゆう》することを得

(註)縁組は本章第一節に定めたる條件の一に違背したるときは効無きものとす

此無効は第百三十條の場合を除き外當事者其他《そのた》現實の利益を有する者及ひ檢事《けんじ》より何時にても之を請求することを得るものなり

第百二十九條　縁組《えんぐみ》は左の場合《ばあい》に於て無效《むこう》とす

第一　縁組の申出《もうしいて》を爲さす又は身分取扱吏《みぶんとりあつかいり》の差止《さしとめ》を受けたるに拘《かゝ》はらす儀式《ぎしき》を行ひたるとき

管轄違 大阪テ取扱フベキモノヲ東京デ取扱ヒタルトキノ如キ場合

第二　證人《しようにん》二人の立會《たちあい》なくして儀式を行ひたるとき

第三　第四十八條の規定《きてい》に違ひて儀式を行ひたるとき

第四　縁組の申出を受けたる身分取扱吏の管轄違《かんかつい》なるとき

此無效《ひこう》は儀式後一个年内《いつかねんない》に限り前條に掲けたる者より之を請求《せいきゆう》することを得

註 縁組は左の場合に於ては其効なきものなり

第一　縁組の申出を爲さす又は身分取扱吏の差止《さしとめ》を受けたるに拘はらす儀式を行ひたるとき

第二　証人二人の立會なくして儀式《ぎしき》を行ひたるとき

第三　第四十八條の規定に違ひて儀式を行ひたるとき

規定《サダメ》

認諾《ミトムル》

第四　縁組《えんぐみ》の申出を受けたる身分取扱吏の管轄違なるとき

此無効《このむかう》も儀式後一个年内に限り前條に掲《かゝ》けたる者より之を請求するこ
とを得るなり

第百三十條　第百八條又は第百九條但書の規定《きてい》に違《たが》ひたる縁組《えんぐみ》の無效は被後見人《ひこうけんにん》又は養家《やうか》の戸主《としゆ》に非されは之を請求《せいきう》することを得す被後見人か成年《せいねん》に至り又は戸主《こしゆ》か縁組を知りたる後縁組《えんぐみ》を認諾《にんだく》し又は三个月を過きたるときは其訴権《そのそけん》を失ぬ

㊟第百八條又は第百九條但書の規定に違ひたるにより無効となる縁組は被後見人又は養家の戸主よあらされは之を求むることを得さるなり

被後見人か二十才に至り又は戸主か縁組を知りたる後縁組を認諾し

瑕疵《キズ》

又は三个月を經過したるときハ其訴權を失ふなり

第百三十一條　強暴《きようぼう》の爲め承諾《しようだく》に瑕疵《かし》ある緣組《えんぐみ》の無效は強暴《きやうぼう》を受けたる者に限り之が請求《せいきやう》をすることを得但強暴が免かれたる後緣組が認諾《にんだく》し又は三个月を過きたるときは其訴《そ》權《けん》を失ふ

㊟強暴《きやうぼう》の爲め承諾に瑕疵ある緣組の無効は強暴を受たる者に限り之を請求《せいきやう》することを得るなり但強暴を免かれたる後緣組を認諾し又は三个月を過きたるときは其訴權《そのそけん》を失ふなり

第百三十二條　第百十六條乃至第百二十條に定めたる許諾《きよだく》なくして爲したる緣組《えんぐみ》の無效は許諾を與《あた》ふ可き者又は許諾を受く可き者に非されは之を請求することを得す

第六十條第二項、第六十一條及ひ第六十二條の規定《きてい》

此無效訴《そ》權《けん》に之を適用《てきよう》す

註第百十六條乃至第百二十條に定めたる許諾なくして爲したる緣組の無効は許諾を與ふへき者又は許諾《きよだく》を受くへき者にあらされは之を請求することを得さるなり

第六十條、第二項、第六十一條及ひ第六十二條に定めたることは此の無効訴權にも之を適用するなり

第百三十三條 婿《むこ》養子《やうし》緣組《えんぐみ》に付ては當事者《とうじしや》は緣組又は婚姻《こんいん》の無效《むとう》言渡《いゝわたし》を原因《げんいん》として婚姻又は緣組の無效を請求《せいきう》することを得但無效言渡の後三个月を過きたるときは其《その》訴《そ》權《けん》を失ふ

註婿養子緣組に付ては當事者は緣組又は婚姻《こんいん》の無効言渡を原因として婚姻又は緣組《えんぐみ》の無効を請求することを得るなり但無効言渡の後三个月を過きたるときは其訴權を失《うしな》ふものとす

特別 ベツダン
齎帶 養子ニクルトキニモツテキタモノ

第五節　養子《やうし》縁組《えんぐみ》の效力《こうりよく》

第百三十四條　養子は縁組の日より養家《やうか》に於て嫡出子《ちやくしゆつし》の權利及ひ義務《ぎむ》を有す

註 養子は縁組の日より養家に於て嫡出子の權利及ひ義務を有するものなり

第百三十五條　養子《やうし》は特別《とくべつ》に職業《しよくぎやう》を營むに因りて取得《しとく》したる利益《りえき》及ひ其《その》齎帶《さいたい》し又は相續《さうぞく》、贈與《ぞうよ》若くは遺贈《いぞう》に因りて取得したる財産《ざいさん》の所有權《しよゆうけん》を有す但未成年《みせいねん》中の財産管理《くわんり》は第九章の規定に從ひて養父母《やうふぼ》に屬す

註 養子《やうし》は特別に職業を營むに因りて得たる利益及ひ其齎帶し又は相續、贈與若くは遺贈《いぞう》に因りて取得《しとく》したる財産の所有權《しよゆうけん》を有するなり但未成年中の財産管理《ざいさんくわんり》は第章の規定に從ひて養父母に屬《ぞく》するものとす

第六節《せつ》　罰則《ばつそく》

第百三十六條　縁組申出《ゑんぐみもうしいで》の時に必要《ひつやう》の書類《しよるい》を差出たさしめさる身分取扱吏《みぶんとりあつかいり》は二圓以上二十圓以下の過料《くわりやう》に處す

縁組《ゑんぐみ》の不成立《ふせいりゆう》又は無效《むかう》たる可き法律上の原因《げんいん》あることとを知りて其儀式《そのぎしき》を行ふ或差止《さしとめ》めさる身分取扱吏は三圓以上三十圓以下の罰金《ばつきん》に處す

㊟縁組申出の時に必要の書類を差出たさしめさる身分取扱吏は二圓以上二十圓以下の過料《くわりやう》に處《しよ》せらるゝなり

縁組の不成立《ふせいりやう》又は無効《むこう》たるへき法律上の原因《げんいん》あることとを知りて其儀式を行ふを差止めさる身分取扱吏は三圓以上三十圓以下の罰金に處せらるゝなり

第八章《しやう》　養子《やうし》の離縁《りえん》

協議サウダンスルコト

註本章は第百三十七條に始まり第百四十八條に終る凡て十二條養子の離《り》縁《えん》乃ことを定めたるものなり

第一節《せつ》　協議《きやうぎ》の離《り》縁《えん》

第百三十七條　養《やう》子《し》を爲したる者及ひ養子と爲りたる者は協議《きやうぎ》を以て離《り》縁《えん》を爲すことを得

然れとも十五年未《み》滿《まん》にて養子と爲りたる者の離《り》縁《えん》は滿十五年に至らさる間に限り養子を爲したる者と縁《えん》組承諾《ぐみしようだく》の權を有する者との協議《きやうぎ》を以て之を爲す

註養子を爲したる者及ひ養子と爲りたる者は協議を以て離縁を爲すことを得るなり

然れとも十五年未滿にて養子と爲りたる者の離縁は滿十五年に至らさる間に限り養子を爲したる者と縁組承諾《えんぐみしようだく》の權を有する者との協議を以て之を爲すことを得るものなり

許諾シユル

第百三十八條　離縁《りゑん》を爲さんとする養子《やうし》は縁組許諾《きよだく》の爲めに定めたる規則《きそく》に從ひ其父母、祖父母又は後見人《こうけんにん》の許諾を受《う》くることを要す

註 離縁《りゑん》を爲さんとする養子は縁組許諾の爲め定めたる規則に從ひ其父母《ふぼ》、祖父母《そふぼ》又は後見人の許諾を受くることを要するなり

第百三十九條　當事者《たうじしや》は離縁協議書《りゑんきやうぎしよ》に左の書類《しよるい》を添へて身分取扱吏《みぶんとりあつかひり》に届出つ可し

第一　縁組證書《ゑんぐみしようしよ》

第二　離縁《りゑん》の爲めに必要《ひつやう》なる許諾書《きよだくしよ》又は許諾を得る能はさる事由《じゆ》を證する書類

註 當事者は離縁協議書に左の書類を添《そ》へて身分取扱吏に届出《とゞけいで》つ可きなり

第一　縁組證書《ゑんぐみしやうしよ》

暴虐 シヘタグル

遺棄 養子ヲ養子ト思ハヌコト

浪費 ミダリニ金銭ヲ費ヤスコト

第二 離縁の爲めに必要なる許諾書又は許諾を得る能はさる事由を証する書類《しよるい》

第二節《せつ》 特定《とくてい》原因《げんいん》の離縁《りえん》

第百四十條 離縁《りえん》は左の原因《げんいん》あるに非されは之を請求《せいきゆう》することを得す

第一 養子《やうし》より養家の尊属親《そんぞくしん》に對し又は養家の尊属親より養子に對する暴虐《ぼうきよ》、脅迫《きようはく》、遺棄《いき》又は重大《ぢゆうだい》の侮辱《ぶじよく》

第二 重罪《ぢやうざい》に因れる處刑《しよけい》

第三 竊盜《せつとう》又は詐欺取財《さぎしざい》の罪に因れる重禁錮《ぢゆうきんこ》一年以上の處刑《しよけい》

第四 浪費《らうひ》

第八十二條及ひ第八十八條の規定《きてい》は離縁《りえん》に之を適用《てきよう》

消滅《キヘル》
續行《ツヽケヲコナフ》

す

（註）離縁ハ左の原因あるにあらされハ之を請求することを得さるなり

第一　養子より養家《やうか》の尊属親に對し又は養家の尊属親より養子に對する暴虐、脅迫、遺棄又は重大の侮辱

第二　重罪に因れる處刑《しよけい》

第三　竊盗又は詐欺《さぎ》取財《しざい》の罪に因れる重禁錮一年以上の處刑

第四　浪費

第八十二條及ひ第八十八條の規定は離縁に之を適用《てきよう》するなり

第百四十一條　離縁《りえん》を請求《せいきう》する訴權《そけん》は養子を爲したる者及ひ養子と爲りたる者のみに屬《ぞく》す

養子を爲したる者又は養子と爲りたる者か死亡《しばう》したるときは離《り》縁《えん》の訴權《そけん》を消滅《しようめつ》す但訴訟中に死亡したる場合に於ては現實《げんじつ》の利益《りえき》を有する者其《その》訴訟《そしよう》を續行《ぞくこう》す

ることを得

㊟離縁を請求する訴權《そけん》は養子を爲したる者及ひ養子と爲りたる者のみに屬するものなり

養子を爲したる者又は養子《やうし》と爲りたる者が死亡したるときは離縁の訴權は消滅するなり但訴訟中《たゞしそしようちゆう》に死亡《しほう》したる場合《ばあい》に於ては現實の利益を有する者其訴訟を續行するとを得るものなり

第百四十二條　養子《やうし》を爲したる者か禁治產中《きんしさんちゆう》に在るときは後見人《こうけんにん》又は後見監督人《こうけんかんとくにん》は親族會《しんぞくくわい》の許可《きよか》を得て離縁《りえん》を請求《せいきう》するとを得

養子と爲りたる者か禁治產中に在るときは實家《じつか》の父母《ふぼ》、祖父母《そふぼ》又は戶主《こしゆ》より離縁を請求することを得

㊟養子を爲したる者か禁治產中《きんちさんちゆう》に在るときは後見人又は後見監督人《こうけんかんとくにん》は親族會の許可を得て離縁を請求することを得るなり

養子と爲りたる者か禁治產中に在るときは實家の父母、祖父母又は戸主より離緣を請求することを得るなり

第百四十三條　養子《やうし》の滿十五年に至らさる間は緣組承《えんぐみしよう》諾《だく》の權を有する者より離緣《りえん》を請求《せいきう》することを得

（註）養子の滿十五年に至らさる間は緣組承諾の權《けん》を有する者より離緣を請求することを得るものなり

第百四十四條　養子《やうし》か養父母《やうふぼ》と同居《どうきよ》するときは裁判所《さいばんしよ》は離緣《りえん》の訴《そ》訟中《しやうちう》養子をして住家《じうか》を去《さ》らしむることを得

此《この》場合《ばあい》に於ては養子は衣服《いふく》其他の日用物品《にちやうぶつさん》を持去り且必要《かつひつえう》あるときは養料《やうりよう》を請求することを得

裁判所は養子の請求に因りて其財産《そのざいさん》を保存《ほぞん》する爲め

に必要なる處分《しよぶん》を命することを得

註養子か養父母と同居すれときハ裁判所は離縁の訴訟中養子をして住家《じゆうか》を去らしむることを得るなり

此場合に於ては養子は衣服其他の日用物品を持去《もちさ》り且必要なるときは養料《やうりやう》を請求そることを得るなり

裁判所《さいはんしよ》は養子の請求《せいきう》ニ因りて其財産を保存《ほぞん》する爲めに必要なる處分を命することを得るなり

第百四十五條　離縁《りえん》は養子《やうし》の家督相續《かとくさうぞく》後之を爲すことを得

註離縁は養子の家督相續をなしたる後ニ之を爲すことを得さるものなり

第三節《せつ》　離縁《りえん》の效力《かうりよく》

第百四十六條　離縁《りえん》ハ其届出《そのとゞけいで》又は裁判《さいはん》確定《かくてい》の後に非されハ效力《かうりよく》を生せす

過失《アヤマツ》

原因《トモ》

註 離《り》縁《えん》は其届出又は裁判確定《さいばんかくてい》の後にあらされは効力《かうりよく》を生せさるものなり

第百四十七條　離《り》縁《えん》と爲りたる養子は自己《じこ》の過《くわ》失《しつ》の有《いう》無《む》に拘《かゝ》はらす其所有財産《そのしよいうざいさん》に限り之を請求すること を得但養《やう》家《か》の爲めに消費《しようひ》したるものは此限に在らす

註 離縁と爲りたる養子は自己の過失の有無に拘はらす其所有財産に限り之を請求することを得るなり但養家の爲めに消費《しようひ》したるものは此限りにあらすとす

第百四十八條　壻養子《むこやうし》縁組《えんぐみ》に付ては當事者《とうじしや》は離《り》縁《えん》を原《げん》因《いん》として離《り》婚《こん》を請求《せいきう》し又離婚を原因として離縁を請求することを得但離婚又は離縁より三个月を過きたるときは其《その》訴《そ》權《けん》を失ふ

註 壻養子《むこやうし》縁組《えんぐみ》に付ては當事者は離縁を原因として離婚を請求し又離

婚を原因として離縁を請求することを得るなり但離婚《たゞしりこん》又は離縁より三个月を過ぎさるときは其訴權を失ふものとす

第九章《しよう》　親權《しんけん》

註本章第百四十九條に始まり第百六十條に終る凡て十二條親の權を定めたるものなり

第一節　子の身上《みじよう》に對《たい》する權《けん》

第百四十九條　親權《しんけん》は父《ちゝ》之を行ふ

父死亡《ちゝしぼう》し又は親權を行ふ能はさるときは母之を行ふ

父又は母其家《そのいへ》を去《さ》りたるときは親權《しんけん》を行ふことを得す

註親の權は父之を行ふもの乃なり

父死亡し又は親權を行ふ能はさるときは母之を行ふものなり

父又は母其家を去りたるときは親權を行ふことを得さるなり

歸家イヘニカヘル

懲戒イマシメコラス

第百五十條　未成年《みせいねん》の子は親權《しんけん》を行ふ父又は母の許可《きよか》を受《う》くるに非されは父母の住家《じうか》又は其指定《そのしてい》したる住家を去ることを得す
子か許可《きよか》を受けすして其《その》住家を去りたるときは父又は母は區裁判所《くさいはんしよ》に申請《しんせい》して歸家《きか》せしむることを得

(註)未成年の子は親權を行ふ父又は母の許可を受くるにあらされは父母の住家又は其指定《そのしてい》したる住家を去ることを得さるなり
子か許可《きよか》を受けすして其住家を去りたるときは父又は母は區裁判所に申請《しんせい》して歸家《きか》せしむることを得るなり

第百五十一條　父又は母は子を懲戒《ちやうかい》する權《けん》を有す但過《か》度《ど》の懲戒を加《くは》ふることを得す

(註)父又は母は子を懲戒《ちやうかい》する權を有するなり但過度《たゞしくわど》の懲戒を加ふることを得さるものとす

行狀《ヲコナイ》
不滿意《コヽロニカナハヌ》ノ事由《ケワ》
超過《コヘスキル》

如何《いか》なる懲戒を以て適度《てきど》とし如何なる懲戒を以て過度《かど》とするや之れ大切《たいせつ》なる問題《もんだい》なり即ち父母と雖も子に對して刑法《けいはう》の範圍《はんゐ》を免かるゝものにあらさるか故に刑法支配《しはい》内《ない》のことをなすを得す然れとも刑法の支配内に屬《ぞく》すへき行爲《かうい》なるや否やは當時《たうじ》の情況《じやうきやう》原因等によりとく〳〵考察《かうさつ》すへきなり子を懲戒の爲に毆打《をゝだ》するか如き又一時一室に監禁《かんきん》するか如きことは輕罪《けいざい》或は違警罪《ゐけいざい》に當るへきか如く見ゆれとも其實他を害し我を利する考あるにあらす全く子を懲戒する爲めになせる行爲なれは刑法の問ふべきものにあらず

第第五十二條　子の行狀《ぎやうじやう》に付き重大なる不滿意《ふまんい》の事《じ》由《ゆ》あるときは父又は母は區裁判所に申請《しんせい》して其子を感化《かんか》場《じやう》又は懲戒場《ちやうかいじやう》に入るゝことを得入場《にうじやう》の日數《にちもつ》は六个月を超過《ちやうか》せさる期間《きかん》内《ない》に於て之を

抗告 コシヨウヲイフコト

定むる可し但父又は母は裁判所に申請して更に其日數を增《ぞう》減《げん》することを得

右申請に付ては總《すべ》て裁判上《さいはんじやう》の書面及ひ手續《てつゞき》を用ゆることを得す

裁《さい》判所《はんしよ》は檢《けん》事《じ》の意《い》見《けん》を聽きて決《けつ》定《てい》を爲す可し父、母及ひ子は其《その》決定《けつてい》に對して抗《こう》告《こく》を爲すことを得

註 子の行狀に付き重大《ぢゆうだい》なる不滿意《ふまんい》の事由《じゆ》あるときは父又は母は區裁判所に申請《しんせい》して其子を感化場又は懲戒場に入るゝことを得るものなり

入場の日數《にちすう》は六个月を超過《てうか》せさる期間內に於て之を定むへきなり尤も父又は母裁判所に申請して更に其日數を增減することを得るものとす

右申請《みぎしんせい》に付ては總て裁判上《さいはんじよう》の書面及ひ手續を用ゐることを得さるも

管理《マモル》

のなり

裁判所は檢事の意見を聽きて決定を爲すへく父、母及ひ子は其決定に對して抗告を爲すことを得るなり

第二節《ぜつ》 子《こ》の財産《ざいさん》の管理《かんり》

第百五十三條　父《ちゝ》は未成年《みせいねん》なる子の總《すべ》ての行爲《とうい》に付て之を代表《だいひやう》し自己《じこ》の財産《ざいさん》に於ける如く其財産を管理《かんり》す

註父は未成年なる子の總ての行爲に付て之を代表し自巳の財産に於ける如く其財産を管理《かんり》すへきものとす

第百五十四條　父《ちゝ》の管理《かんり》に於ては第百九十四條に記載《きさい》しある行爲《とうい》は尙ほ之を管理《かんり》行爲《とうい》と看做《みな》す

註父の管理に於ては第百九十四條に記載したる行爲は尙ほ之を管理行爲と看做《みな》すへきなり

第百五十五條　子は特別《とくべつ》に職業《しよくぎやう》を營むに因りて取得《しとく》し

収益トハ財産ノ元本ヨリ生スル利益

たる利益《りえき》及ひ相續《そうぞく》、贈與《ぞうよ》又は遺贈《いそう》に因つて取得《しとく》したる財産《ざいさん》の所有權《しよいうけん》を有す

註 子は特別に職業を營《いとな》むに因《よ》りて取得したる利益及ひ相續、贈與又は遺贈に因りて取得《しとく》したる財産の所有權を有するものなり

第百五十六條　父は管理《かんり》の止みたるときは子に其《その》財産《ざいさん》を引渡《ひきわた》す可し但收益《たゞししうえき》は子の養育《やういく》敎育《きやういく》の費用《ひよう》及ひ管理《かんり》の費用に供《きやう》したるものと看做《みな》す

註 父は管理の止みたるときは子に其財産を引渡すへきものとす但收益は子の養育敎育《やういくきやういく》の費用及ひ管理《かんり》の費用に供したるものと看做《みな》すか故に引渡《ひきわた》すに及はさ

第百五十七條　本節《ほんせつ》の規定《きてい》は母か子の財産《ざいさん》を管理《かんり》する場合に之を適用《てきよう》す
然れとも母は管理を辭《じ》することを得

嫡母ホンマノハヽ

繼父繼母　ギリノ父母

特別　ベツダン

註本節の規定は母が子の財産《ざいさん》を管理する場合にも之を適用《てきよう》するときを乃とす

然れとも母は管理《かんり》を辭することを得るなり

第三節　嫡母《ちやくぼ》、繼父《けいふ》及ひ繼母《けいぼ》に特別《とくべつ》なる規則《きそく》

第百五十八條　嫡母《ちやくぼ》、繼父《けいふ》又は繼母《けいぼ》の親權《しんけん》を行ふ場合に於ては相談人《そうだんにん》を付することを得

此《この》相談人《そうだんにん》は配偶者證書《はいぐうしやしようしよ》若くは遺言書《いけんしよ》を以て之を定め又は親族會其議決《しんぞくくわいそのぎけつ》を以て之を定む

註嫡母、繼父又は繼母の親權《しんけん》を行ふ場合に於ては相談人を付することを得るものなり

此相談人は配偶者証書《はいぐうしやしようしよ》若くは遺言書を以て之を定め又は親族會其議決を以て之を定むるものとす

第百五十九條　相談人《そうだんにん》は後見監督人《こうけんかんとくにん》と同一の權限《けんけん》及ひ

招集《マネキアツメル》

禁止《ヤメサセル》

義務《ぎむ》を有す

(註)相談人は後見監督人と同一《どういつ》乃權限及ひ義務を有するものなり

第百六十條 配偶者《はいぐうしや》か相談人《そうだんにん》を定めさる場合に於て親《しん》族會《ぞくくわい》を招集《しようしゆう》せさるとき又は配偶者若くは親族會の定めたる相談人に相談《そうだん》せさるときは區裁判所《くさいばんしよ》は撿事《けんじ》の請求《せいきゆう》に因り嫡母、繼父又は繼母に對して親權《しんけん》行使《こうし》の禁《きん》止《し》を宣告《せんとく》することを得

(註)配偶者か相談人を定めさる場合《ばあい》に於て親族會を招集せさるとき又は配偶者若くは親族會の定めさる相談人《そうだんにん》に相談せさるときは區裁判所は撿事の請求に因り嫡母《ちやくぼ》、繼父《けいふ》又は繼母《けいぼ》に對して親權を行ふことを得さる旨を宣告《せんこく》することを得るなり

第十章《しよう》 後見《こうけん》

(註)本章は第百六十一條に始まり第二百十二條に終る凡て五十二條後

開始《ハジマル》

見のことを定めたるものなり

總則《そうそく》

註 總則とは本章全体《ぜんたい》に通《つう》する規則《きそく》を云ふ

第百六十一條　後見《こうけん》は未成年者《みせいねんしや》の父又は母にして生存《せいそん》する者の死亡《しばう》に因りて開始《かいし》す

父母共に生存《せいそん》し又は其一方の生存するも親權《しんけん》を行ふ能はさるとき又は母か子の財産《ざいさん》の管理《くわんり》を辭《ぢ》するときも亦同し

註 後見は未成年者《みせいねんしや》の父又は母にして生存する者の死亡に因りて開始《かいし》するものなり

父母共に生存し又は其一方の生存《せいそん》するも親權を行ふ能はさるとき又は母か子の財産の管理を辭するときも亦同様《またどうやう》なりとす

第百六十二條　一家《いつか》に未成年者《みせいねんしや》數人あるも後見人《こうけんにん》は一

免除《ユルシノゾク》

利害關係人《りがイノカヽハリアルヒト》

負擔《ヲフ》

人たる可し

(註)一家に未成年者數人あるも後見人は一人たるへきなり

第百六十三條　後見人《こうけんにん》は親族會《しんぞくくわい》の免除《めんじよ》を得さる限りは後見を承諾《しようだく》す可し若し後見人之を承諾せす又は其任《そのにん》務《む》を怠《おこた》るときは利害關係人《りがいくわんけいにん》又は撿事《けんじ》の請求《せいきう》に因りて區裁判所《くさいはんしよ》は代務者《だいむしや》を命することを得

後見人は代務者の管理《くわんり》の費用《ひやう》を負擔《ふたん》し且《かつ》其管理に付き責《せつ》に任《にん》す

(註)後見人は親族會《しんぞくくわい》の免除を得さる限りは後見を承諾すへきなり若し後見人之を承諾せす又は其任務《そのにんむ》を怠るときは利害關係人《りがいくわんけいにん》又は撿事の請求に因りて區裁判所は代務者《だいむしや》を命することを得るなり

後見人は代務者の管理の費用を負擔《ふたん》し且其管理に付き責に任すへきものなり

姻族　コンインノ爲メニシンルイトナリタルモノ

口述　口テノベル

第一節《せつ》　後見人《こうけんにん》

第百六十四條　親權《しんけん》を行ふ父又は母は其生前《そのせいぜん》に於て親族《しんぞく》、姻族《いんぞく》又は他人《たにん》の中より後見人たる可き者を指定《してい》する權を有す

㊟親權を行ふ父又は母は其生前に於て親族、姻族又は他人の中より後見人たるへき者を指定《してい》する權利《けんり》を有するものなり

第百六十五條　後見人《こうけんにん》の指定《してい》は遺言書《いげんしよ》若くは證書《しようしよ》を以て之を爲し又は區裁判所《くさいばんしよ》に口述《こうじゆつ》して之を爲す可し此口述に付ては調書《ちやうしよ》を作ることを要す

㊟後見人の指定は遺言書《いげんしよ》若くは證書を以て之を爲し又は區裁判所に口述して之を爲すへきなり尤も此口述《このこうじゆつ》に付ては調書《しやうしよ》を作ることを要するものとす

第百六十六條　父《ちゝ》又は母《はゝ》が後見人《こうけんにん》を指定《してい》せさりしとき

除斥　ノゾキシリゾケル
罷黜　ヤメサセル
選定　エラブ

は其《その》家《いへ》の祖父《そふ》後見人《こうけんにん》と爲る但《たゞし》未成年の家族《かぞく》に付ては成年《せいねん》の戸主《こしゆ》後見人と爲る

㊟父又は母か後見人《こうけんにん》を指定《してい》せさりしときは其家の祖父後見人と爲るなり但未成年《みせいねん》の家族《かぞく》に付ては成年の戸主《こしゆ》後見人と爲るなり

第百六十七條　遺言《いげん》後見人《こうけんにん》も祖父《そふ》若くは戸主《こしゆ》たる後見人も有らさるとき又は此等《これら》の後見人か免除《めんじよ》せられ除斥《せき》せられ罷黜《ひじつ》せられ若しくは死亡《しぼう》したるときは親族會《しんぞくくわい》に於て後見人を選定《せんてい》す

㊟遺言後見人も祖父若くは戸主たる後見人も有らさるとき又は此等の後見人か免除《めんじよ》せられ除斥《じよせき》せられ罷黜《ひじつ》せられ若くは死亡《しぼう》したるときは親族會に於て後見人を選定《せんてい》すへきなり

第百六十八條　未成年者《みせいねんしや》を有する人の死亡《しぼう》したるとき又は未成年者を有する父若くは母の婚姻《こんいん》其他《そのた》の事故《じこ》

設定《サダメ》
招集《マネキアツメル》
選定《エラブ》

に因りて他家《たけ》に入りたるときは區裁判所は未成年者の親族《しんぞく》若くは利害關係人《りがいかんけいにん》の請求《せいきう》に因り後見人を設定《せつてい》する爲め親族會《しんぞくくわい》を招集《しようしう》す可し

㊟未成年者を有する人の死亡したるとき又は未成年者を有する父若くは母の婚姻其他の事故に因りて他家に入りたるときは區裁判所は未成年者の親族若くは利害關係人の請求に因り後見人を設定する爲め親族會を招集《しようしう》すへきなり

第二節《せつ》　後見監督人《こうけんかんとくにん》

第百六十九條　後見《こうけん》には一人の後見監督人《こうけんかんとくにん》を付すことを得

後見監督人は後見人を定《さだ》むると同一《どういつ》の手續《てつゞき》に從ひて之を指定《してい》し又は親族會《しんぞくくわい》に於て之を選定《せんてい》す

本章第四節及ひ第五節の規定《きてい》は後見監督人に之を適《てき》

用《よう》ゆ

㊟後見には一人の後見監督人を付することを得るなり

後見監督人は後見人を定むると同一の手續に從ひて之を指定し又は親族會に於て之を選定《せんてい》すへきなり

本章第四節及ひ第五節の規定は後見監督人にも之を適用するものとす

第百七十條　後《こう》見《けん》監《かん》督《とく》人《にん》を置かさる場合に於ては監督を要《よう》すること有るときは親《しん》族《ぞく》會《くわい》に於て會《くわい》員《いん》一人を選《せん》定《てい》し臨《りん》時《じ》に後見監督人の任《にん》務《む》を行はしむ

㊟後《こう》見《けん》監《かん》督《とく》人《にん》を置かさる場合に於て監督を要することあるときは親族會に於て會員一人を選定《せんてい》し臨時に後見監督人の任《にん》務《む》を行はしむへきものなり

第三節　親《しん》族《ぞく》會《くわい》

補足 チキナ イタス

第百七十一條　親族會《しんぞくくわい》は未成年者《みせいねんしや》の最近親族《さいきんしんぞく》三人以上を以て之を設く但親族三人ヿ滿《み》たさるときは未成年者に縁故《ゑんこ》ある者を以て之を補足《ほそく》す

本家《ほんけ》及ひ分家《ぶんけ》の戸主《こしゆ》は親族會ヿ列《れつ》することを得

（註）親族會は未成年者の最近親族三人以上を以て之を設くるなり但親族三人に滿たさるときは未成年者《みせいねんしや》に縁故《ゑんこ》ある者を以て之を補足《ほそく》するなり

本家及ひ分家の戸主は親族會《しんぞくくわい》に列することを得るなり

第百七十二條　親族會《しんぞくくわい》は親族《しんぞく》、後見人《こうけんにん》、後見監督人《こうけんかんとくにん》、保佐人《ほさにん》又は利害關係人《りがいくわんけいにん》の求めに因りて集會《しゆうくわい》す

（註）親族會は親族《しんぞく》、後見人、後見監督人、保佐人又は利害關係人の求めに因りて集會《しゆうくわい》するものとす

第百七十三條　戸主《こしゆ》成年《せいねん》なるときは家族《かぞく》の爲め親族會《しんぞくくわい》

を設くることを要せそ

㊟戸主成なるときは家族の爲め親族會を設くることを要せさるもの乃な
り

第百七十四條　養子《やうし》の親族會《しんぞくくわい》には實家《じつか》の親族も其會員《そのくわいいん》
たることを得

㊟養子の親族會には實家の親族も其會員となることを得るものなり

第百七十五條　會員《くわいいん》は自巳《じこ》の利害《りがい》に關係《くわんけい》ある會議《くわいぎ》に列《れつ》
することを得す

㊟會員は自己の利害《りがい》に關係《くわんけい》ある會議に列することを得さるものなり

第百七十六條　親族會《しんぞくくわい》を設くる能はさるときは區裁判《くさいばん》
所《しよ》其事を行ふ

㊟親族會を設くる能はさるときは區裁判所其事《そのこと》を行ふへきなり

第百七十七條　未成年者《みせいねんしや》の親族會《しんぞくくわい》の外親族會《しんぞくくわい》を組成《そせい》す

免除《ユルシノゾク》
解任《ニンチトク》

る必要《ひつやう》あるときも亦《また》本節《ほんせつ》の規定《きてい》を適用す

㊟未成年者《みせいねんしや》の親族會の外親族會を組成する必要あるときも亦本條の規定を適用《てきよう》するものとす

第四節《せつ》　後見《こうけん》の免除《めんじよ》

第百七十八條　左に掲ぐる者は當然《とうぜん》後見人《こうけんにん》たることを免除《めんじよ》せらる

第一　現役《げんえき》に服《ふく》せる軍人《ぐんにん》、軍屬《ぐんぞく》

第二　被《ひ》後見人《こうけんにん》住居《ぢうきよ》の市《し》又は郡《ぐん》の外に於て公務《こうむ》に從事《じゆうじ》する人

㊟左に記する者は後見人たることを免除せらるゝなり

第一　現役《げんえき》に服する軍人、軍屬

第二　被《ひ》後見人《こうけんにん》住居《ぢうきよ》の市又は郡の外に於て公務《こうむ》に從事する人

第百七十九條　後見《こうけん》免除《めんじよ》の求めは親族《しんぞく》會之を決す後見

人解任《じにん》を求めあるときも亦同し

註 後見免除《こうけんめんぢよ》の求めは親族會之を決すへく後見人解任《じにん》を求めたるときも亦同樣《まだどうやう》なり

第五節　後見人《こうけんにん》及ひ親族會員《しんぞくくわいいん》の缺格《けつかく》、除斥《じよせき》及ひ罷黜《ひじつ》

第百八十條　左に揭くる者は後見人《こうけんにん》たることを得す又《また》親族會員《しんぞくくわいいん》たることを得す

第一　未成年者《みせいねんしや》

第二　民事上禁治產者《みんじじようきんちさんしや》及ひ準禁治產者《じゆんきんちさんしや》

第三　未成年者の身分《みぶん》又は財產《ざいさん》に對して訴訟《そしよう》を爲す人及ひ其人の尊屬親《ぞんぞくしん》、卑屬親《ひぞくしん》、配偶者《はいぐうしや》

註 左に記する者は後見人たることを得さるなり又親族會員たることをも得さるものとす

第一　未成年者

除斥《ノゾク》
罷黜《ヤメサセル》

第二　民事上禁治産者及ひ准禁治産者

第三　未成年者の身分又は財産に對して訴訟を爲す人及ひ其人の尊族親《そんぞくしん》、卑屬親《ひぞくしん》、配偶者《はいぐうしや》

第百八十一條　左《さ》に掲《かゝ》くる者は後見《こうけん》及ひ親族會《しんぞくかい》より除《じよ》斥《せき》せらる可し現《げん》に任務《にんむ》に從事《じうし》する者は之を罷黜《ひじつ》す

第一　甚《はなはだ》しき不行跡《ふぎやうせき》なる人

第二　後見《こうけん》管理《かんり》に不能《ふのう》又は不正實《ふせいじつ》を顯《あらは》はせる後見《こうけん》人《にん》

第三　任務《にんむ》を免黜《めんじつ》せられたる裁判上《さいはんじやう》の保佐人《ほさにん》

第四　公權《こうけん》剝奪《はくだつ》、公權停止《ていし》及ひ刑事上禁治産《けいじじやうきんちさん》を受けたる人

第五　復權《ふくけん》を得さる破産者《はさんしや》及ひ家資分散者《かしぶんさんしや》

㊟左に記する者は後見及ひ親族會より除斥せらるゝものとす又現に

開始ハジマル

任務に從事する者は之を罷黜《ひじつ》すへきものとす

第一　甚しき不行跡なる人

第二　後見管理に不能又は不正實を顯《あら》はせる後見人

第三　任務を免黜せられたる裁判上の保佐人

第四　公權剝奪《こうけんはくだつ》、公權停止《ていし》及ひ刑事上禁治產《けいじじようきんちさん》を受けたる人

第五　復權を得さる破產者《はさんしや》及ひ家資分散者《かしぶんさんしや》

第百八十二條　後見人《こうけんにん》及ひ親族會員《しんぞくくわいいん》の除斥《じよせき》又は罷黜《ひじつ》は親族會《しんぞくくわい》に於て之を爲す

㊟後見人及ひ親族會員の除斥又は罷黜は親族會に於て之を爲すへきものなり

第六節《せつ》　後見人《こうけんにん》の管理《くわんり》

第百八十三條　後見人《こうけんにん》後見の開始《かいし》を知るときは直《たゞ》ちに任務《にんむ》に就《つ》くことを要す

選定《エラミサダメル》
監護《マモル》
變更《カヘル》
協議《サウダン》

親族會《しんぞくくわい》に於て後見人を選定《せんてい》し其後見人在席《ざいせき》するときは直ちに任務《にんむ》に就き若し在席せさるときは通知《つうち》を得たる日より任務に就くことを要す

㊟後見人後見の開始《かいし》を知るときは直《たゞち》に其任務に就くへきものなり親族會に於て後見人を選定《せんてい》し其後見人在席《ざいせき》するときは直ちに任務よ就き若し在席せさるときは通知《つうち》を得たる日より任務《にんむ》に就くことを要するなり

第百八十四條　後見人《こうけんにん》は未成年者《みせいねんしや》を監護《かんご》し其教育《そのきやういく》を擔任《たんにん》す

尊屬《そんぞく》後見人及ひ戸主《こしゆ》後見人を除く外後見人若し未成年者の在來《ざいらい》の住居《じゆうきよ》又は教育方法《きやういくほうはう》を變更《へんかう》せんとするときは之を親族會に協議《きやうぎ》ゝと可し

㊟後見人は未成年者を監護《かんご》し其教育を擔任《たんにん》すへきなり

懲戒《イマシメコラス》
事由《ワケ》
濫用《ミダリニモツユル》

尊屬後見人及ひ戸主後見人を除く外後見人若し未成年者の在來の住居又は教育方法《きやうゐくはうはふ》を變更《へんこう》せんとするときは親族會《しんぞくくわい》に協議せへきものなり

第百八十五條　後見人《こうけんにん》は父母の如く未成年者《みせいねんしや》を懲戒《ちやうかい》することを得
未成年者の行狀《ぎやうじやう》に付き重大《ぢゆうだい》なる不滿意《ふまんい》の事由《じゆ》あるときは後見人は親族會《しんぞくくわい》の許可《きよか》を得たる上第百五十二條の規定《きてい》に從ひて未成年者に對する處分《しよぶん》を爲すことを得
後見人か其《その》權《けん》を濫用《らんよう》し又は其《その》義務《ぎむ》を怠るときは未成年者及ひ其親族は親族會に之を申告《しんこく》することを得

(註)後見人は父母の如く未成年者を懲戒することを得るなり
未成年者の行狀に付き重大なる不滿意の事由あるときは後見人は親《しん》

代表　カハリトナリテスル
過失　アヤマツ
賠償　ツクナフ
調査　シラベ

族會《ぞくかい》の許可を得たる上第百五十二條の規定に從《したが》ひて未成年者に對《たい》する處分《しよぶん》を爲すことを得るなり

後見人か其權を濫用し又は其義務を怠《おこ》るときは未成年者及ひ其親族は親族會に之を申告することを得るなり

第百八十六條　後見人《こうけんにん》は未成年者の總《すべ》ての行爲《こうい》に付て之を代表《だいへう》し善良《ぜんりやう》なる管理者《かんりしや》の如く其財產《そのざいさん》を管理し管理の失當《しつとう》又は過失《くわしつ》より生する損害賠償《そんがいばいしよう》の責に任す

㊟後見人は未成年者の總ての行爲《こうい》に付て之を代表《だいへう》し善良なる管理者の如く其財產を管理し管理の失當又は過失より生する損害賠償の責《せめ》に任《にん》すへきものなり

第百八十七條　後見人は當然《とうぜん》其任務《にんむ》に就く可き日より十日內に後見《こうけん》監督人《かんとくにん》の立會《たちあひ》を得て未成年者の財產を調査《ちやうさ》す可し

延期《キゲンヲノバス》

喪失《ウシナフ》

財産《ざいさん》目錄《もくろく》の調製《ちやうせい》は二个月內に之を終了《しうりやう》することを要す但《たゞし》親族會《しんぞくくわい》は狀況《じやうきやう》に從ひて延期《えんき》を許すことを得

(註)後見人は常然其任務《そのにんむ》に就《つ》く可き日より十日內に後見監督人の立會を得て未成年者の財產を調查《ちやうさ》すへきなり財產目錄の調製は二个月內に之を終了すへきなり但親族會は狀況よ從ひて延期を許《ゆる》すことを得るものなり

第百八十八條　後見人《こうけんにん》か未成年者の債務者《さいむしや》又は債權者《さいけんしや》なるときは目錄《もくろく》の調製《ちやうせい》前其旨《そのむね》を公證人《こうしようにん》又は親族會に明言《めいげん》することを要す

後見人か債權の存立《そんりつ》を知りて之を明言せさりしときは其債權を喪失《さうしつ》す又債務の存立を知りて之を明言せさりしときは區裁判所《くさいばんしよ》は其後見人を罷黜《ひじつ》することを得但罷黜の場合《ばあい》に於ては三十圓以下の過料《くわりやう》に處する

終了 ヲハル

需用 イリヨウ

ことを得

㊟後見人か未成年者の債務者又は債權者なるときは目錄の調製前其旨を公證人又は親族會に明言《めいげん》すへきなり

後見人か債權の存立《そんりつ》を知りて之を明言せさりしときは其債權を失ふなり又債務の存立を知りて之を明言せさりしときは區裁判所は其後見人を罷黜《ひじつ》することを得るなり但罷黜の場合に於ては三十圓以下の過料に處《しよ》することを得るものなり

第百八十九條　目錄《もくろく》調製《ちやうせい》を終了《しゆうりよう》せさる間は後見人は要《よう》急闕く可からさる管理《かんり》行爲《とうい》のみを爲すことを得

㊟目錄調製を終了せさる間《あいだ》は後見人は要急闕くへからさる管理《かんり》行爲《とうい》のみを爲すことを得るなり

第百九十條　後見人《こうけんにん》は任務《にんむ》執行《しつこう》の初に於て親族會《しんぞくくわい》に協《きよう》議《ぎ》し未成年者の養育《やういく》の需用《じよう》、教育《きやういく》の程度《ていど》と其《その》資產《しさん》とよ

剩額アマリノタカ

從ひ毎年費す可き金額《きんがく》及ひ財産管理《ざいさんかんり》に係る費用《ひやう》を定む

親族會は相當《さうたう》の給料《きふりやう》を與ふる一人又は數人《すにん》の管理者《かんりしや》を後見人の自己《じこ》の責任《せきにん》を以て使用《しよう》するを許すことを得

註 後見人は任務執行の初に於て親族會に協議し未成年者の養育の需用、教育の程度と其資産とに從ひ毎年費《まいねんつひや》すへき金額及ひ財産管理に係《かゝ》る費用を定《さだ》むへきなり

親族會は相當の給料を與ふる一人又は數人の管理者を後見人の自己の責任を以て使用《しよう》するを許すことを得るなり

第百九十一條　後見人《こうけんにん》は未成年者《みせいねんしや》の元本《げんぽん》及ひ收益《しゆうえき》の剩額《じようがく》を毎次に官《くはん》の貯金預所《ちよきんあづかりしよ》又は確實《かくじつ》なる銀行《ぎんかう》に預く可し其預けさりし金額《きんがく》に付ても法律上《はうりつじやう》の利息《りそく》を辨濟《べんさい》す

變更《カヘル》

可し

後見人か未成年者の財産《ざいさん》の利用《りやう》方法《はうはふ》を變更《へんかう》せんとするときは親族會の許可《きよか》を受くることを要す

註 後見人は未成年者の元本及ひ收益の剰額を毎次《まいじ》に官の貯金預所又は確實なる銀行に預《あづ》くへきものなり其預《そのあづ》けさりし金額に付ては法律上の利息を辨濟すへきものとす

後見人か未成年者の財産《ざいさん》の利用方法を變更《へんかう》せんとするときは親族會の許可を受《う》くることを要《よう》するなり

第百九十二條　尊屬《そんぞく》後見人《こうけんにん》及ひ戸主《こしゆ》後見人を除く外後見人は一个年内の管理《くわんり》の狀況《じやうきやう》を親族會に報告《はうこく》す可し

註 尊屬《そんぞく》後見人及ひ戸主《こしゆ》後見人を除く外後見人は一个年内の管理《くわんり》の狀況を親族會に報告《はうこく》すへきものなり

第百九十三條　後見人《こうけんにん》は未成年者の財産《ざいさん》に付《つい》ては管理

拋棄テスル

の權《けん》を有するに止《とゞ》まり此《この》權《けん》外《がい》の行爲《かうい》は法律に定めたる條件《じようけん》に依るに非されは之を爲すことを得す

註 後見人は未成年者の財產に付ては管理《かんり》の權を有するに止まり此權外の行爲《かうい》は法律に定めたる條件に依《よ》るにあらされは之を爲すことを得さるものなり

第百九十四條　左に揭くる行爲《かうい》に關《くわん》しては後見人《こうけんにん》は親《しん》族會《そくくわい》の許可《きよか》を得ることを要《えう》す

第一　元本《げんぽん》を利用《りよう》し又は借財《しやくざい》を爲すこと

第二　不動產《ふどうさん》及ひ重要《ぢゆうよう》なる動產《どうさん》を讓渡《ゆづりわた》し之に物權《ぶつけん》を設定《せつてい》し又は之を取得《しとく》すること

第三　動產、不動產に係る訴訟《そしよう》又は和解《わかい》、仲裁《ちゆうさい》に關すること

第四　相續《さうぞく》、遺贈《いぞう》若くは贈與《ぞうよ》を受諾《じゆだく》し又は拋棄《はうき》する

修繕ツクロヒ

こと

第五　新築《しんちく》、改築《かいちく》、增築《ぞうちく》又《また》は大修繕《だいしゆうぜん》を爲すこと

第六　財產編《ざいさんへん》第百十九條に定めたる期間《きかん》を超《こゆ》る賃貸《ちんかし》を爲すこと

(註)左に揭くる行爲に關しては後見人は親族會の許可《きよか》を得ることを要するなり

第一　元本《げんぽん》を利用し又は借財《しやくざい》を爲すこと

第二　不《ふ》動產《どうさん》及ひ重要なる動產《どうさん》を讓渡《ゆづりわたし》し之に物權を設定《せつてい》し又は之を取得《しとく》すること

第三　動產不動產に係《かゝ》る訴訟又は和解《わかい》、仲裁《ちゆうさい》に關すること

第四　相續《さうぞく》、遺贈《いぞう》若くは贈與を受諾《じゆだく》し又は拋棄《はうき》すること

第五　新築《しんちく》、改築《かいちく》、增築《ぞうちく》又は大修繕《だいしゆうぜん》を爲すこと

第六　財產編第百十九條に定めたる期間《きかん》を超《こゆ》る賃貸《ちんかし》を爲すこと

覊束 ホダシトナル

第百九十五條　後見人《こうけんにん》は未成年者の財産《ざいさん》を譲受《ゆづりう》くることを得ず又未成年者《みせいねんしや》に對する權利《けんり》を譲受くることを得す

註 後見人は未成年者の財産《ざいさん》を譲受くることを得さるなり又未成年者に對《たい》する權利《けんり》を譲受《ゆづりうく》ることを得さるなり

第百九十六條　後見人《こうけんにん》は親族會《しんぞくくわい》の許可《きよか》を得るに非されは未成年者《みせいねんしや》の不動産《ふどうさん》を賃借《ちんしやく》することを得す

註 後見人は親族會《しんぞくくわい》の許可《きよか》を得るにあらされは未成年者の不動産《ふどうさん》を賃借《しやく》することを得さるものなり

第百九十七條　後見人《こうけんにん》の其權内《そのけんない》に於て爲したる行爲《こうい》は未成年者《みせいねんしや》を覊束《きそく》す

註 後見人の其權内《そのけんない》に於て爲したる行爲《こうい》は未成年者を覊束《きそく》するなり卽ち未成年者の成効《せいこう》に爲したるものとするなり

第七節　後見監督人の任務

第百九十八條　後見《こうけん》監督人《かんとくにん》は後見人の管理《かんり》を監視《かんし》することに任《にん》す

後見《こうけん》監督人《かんとくにん》は後見人を缺《か》くときと雖も後見の任務《にんむ》を行ふことを得す此場合《このばあい》に於ては直《たゞ》ちに後任《こうにん》の後見人を定むる手續《てつゞき》を爲すへきを要す

註 後見監督人《こうけんかんとくにん》は後見人の管理《かんり》を監視《かんし》することに任すへきなり。

後見監督人は後見人を缺くときと雖も後見の任務《にんむ》を行ふことを得さるものとす此場合《このばあい》に於ては直ちに後任《こうにん》の後見人を定むる手續《てつゞき》を爲すへきなり

第百九十九條　未成年者《みせいねんしや》と後見人《こうけんにん》との間に利益相反《りえきあいはん》するときは後見監督人《こうけんかんとくにん》は未成年者を代表《だいひやう》す

註 未成年者と後見人との間に利益相反《りえきあいはん》するときは後見監督人《こうけんかんとくにん》は未成

終了《チハル》

移轉《ウツル》

年者を代表《だいひやう》すへきなり

第二百條　必要《ひつやう》なる場合《ばあい》に於ては後見監督人《こうけんかんとくにん》は保存行《ほぞんかう》爲《い》を爲すことを得

註 必要《ひつやう》なる場合に於ては後見監督人《こうけんかんとくにん》は保存行爲《ほぞんかうい》を爲すことを得るものなり

第二百一條　法律上後見監督人《はふりつじやうこうけんかんとくにん》の立會《たちあひ》ふ可き行爲《かうい》にして其立會《そのたちあひ》なくして爲したるものは無效《むかう》とす

註 法律上後見監督人《はふりつじやうこうけんかんとくにん》の立會《たちあひ》ふへき行《かう》爲にして其立會《そのたちあひ》なくして爲したるものは無効とするなり

第八節　後見人《こうけんにん》の終了《しうれう》

第二百二條　後見《こうけん》の任務《にんむ》は後見人の一身《いつしん》に止《と》まり其相《そのさう》續人《ぞくにん》に移轉《いてん》せす然れとも相續人《さうぞくにん》か成年者《せいねんしや》なるときは後任《こうにん》の後見人の任務《にんむ》に就くまて管理《かんり》を繼續《けいぞく》す可し

終了《ヲハル》

註 後見の任務《にんむ》は後見人の一身に止まり其相續人に移轉《いてん》せさるなり然れとも相續人の成年者《せいねんしや》なるときは後任《こうにん》の後見人の任務《にんむ》に就くまて管理《かんり》を繼續すへきなり

第二百三條 未成年者《みせいねんしや》か成年《せいねん》に達し又は自治産《じちさん》に至るに因《よ》りて後見《こうけん》の止むときは後見人は其計算《そのけいさん》を終了《しゆうりよう》するまて管理《かんり》を繼續《けいぞく》す

註 未成年者か成年に達し又は自治産《じちさん》に至るに因りて後見の止むときは後見人は其計算《そのけいさん》を終了するまて管理《かんり》を繼續《けいぞく》すへきなり

第二百四條 假《かり》に管理《かんり》を爲す者は必要《ひつやう》なる行爲《かうい》のみを爲すことを得

註 假《かり》に管理を爲すものは必要《ひつやう》なる行爲《かうい》のみを爲すことを得るなり

第九節《せつ》 後見《こうけん》の計算《けいさん》

第二百五條 後見人《こうけんにん》は管理《かんり》の終了《しゆうりよう》するときは其計算《そのけいさん》を

爲を可し

註 後見人は管理《かんり》の終了《しゆうりよう》するときは其計算《そのけいさん》を爲すへきものなり

決算 シマイノカンジヤウ

第二百六條　後見《こうけん》の決算《けつさん》は後見《こうけん》監督人《かんとくにん》の立會《たちあい》にて未成年者の成年《せいねん》に達したる者又は其自治産《そのじちさん》に至りたる者に對《たい》して之を爲す

後見《こうけん》か後見人の身上《しんじやう》に係ヿを終了《しゆうりよう》するときは決算《けつさん》は後任《こうにん》の後見人《こうけんにん》に對して之を爲し親族會《しんぞくくわい》の許可《きよか》に付《ふ》す

但第百八條の場合に於ては決算《けつさん》は後見監督人に對《たい》して之を爲す

後見《こうけん》か未成年者の死亡《しばう》に因りて終了《しゆうりよう》するときは決算《けつさん》は其相續人《そのさうぞくにん》に對して之を爲す

後見の決算《けつ》《さん》に係る費用《ひやう》は未成年者の負擔《ふたん》に屬《ぞく》す

註 後見の決算《けつさん》は後見監督人《こうけんかんとくにん》の立會にて未成者の成年に達したる者又

延期キゲンヲノバス

は其自治産《そのじちさん》に至りたる者に對《たい》して之を爲すへきなり

後見か後見人の身上《しんじよう》に係《かゝ》りて終了《しゆうりよう》するときは決算は後任《こうにん》の後見人に對して之を爲し親族會《しんぞくかい》の許可《きよか》に付すへきなり但第百八條の塲合に於ては決算は後見監督人に對して之を爲すへきものとす

後見か未成年者の死亡《しぼう》に因りて終了《しゆうりよう》するときは決算《けつさん》は其相續人に對して之を爲すへきなり

後見《こうけん》の決算に係る費用《ひやう》は未成年者に於て負擔《ふたん》すへきものなり

第二百七條　後見《こうけん》の決算《けつさん》は管理《かんり》終了《しゆうりよう》の日より三个月内に之を爲す可し但《たゞし》親族會《しんぞくかい》は當事者《とうじしや》の求めに因りて延期《き》を許すことを得

註 後見の決算は管理終了《かんりしゆうりよう》の日より三个月内に之を爲すへきものなり尤も親屬會《しんぞくかい》は當事者の求《もと》めに因りて延期《えんき》を許すことを得るものとす

第二百八條　後見人《こうけんにん》と未成年者《みせいねんしや》の成年に達《たつ》したる者と

完結《ヲハリ》

催告《サイソクスルコト》

の合意《どうい》にして後見が決算《けつさん》前《ぜん》に爲したるものは總《すべ》て無《む》效《とう》とす

註後見人と未成年者の成年《せいねん》に達《たつ》したる者との合意《どうい》にして後見の決算《けつさん》前に爲したるものは總て無効《むとう》とするなり

第二百九條　後見《とうけん》が費用《ひやう》を豫算《よさん》の定額《ていがく》を超《こ》ゆると雖も後見人其有益《そのいうえき》なることを證《しよう》するときは未成年者《みせいねんしや》の負《ふ》擔《たん》に屬す

註後見の費用《ひやう》は豫算の定額を超《こ》ゆると雖も後見人其有益《そのいうえき》たることを証するときは未成年者の負擔《ふたん》に屬《ぞく》するものなり

第二百十條　後見人《とうけんにん》より未成年者《みせいねんしや》に返濟《へんさい》す可き金額《きんがく》は決算完結《けつさんくわんけつ》の日より當然《とうぜん》利息《りそく》を生す

未成年者《みせいねんしや》より後見人に返濟《へんさい》す可き金額《きんがく》は決算完結《けつさんくわんけつ》の後後見人の催告《さいとく》に因りて利息《りそく》を生す

消滅キヘル

起算カゾヘハジメル

註後見人より未成年者に返濟《へんさい》すべき金額は決算完結の日より當然利《とうぜんり》息《そく》を生ずるものとす

未成年者《みせいねんしや》より後見人に返濟すべき金額《きんがく》は決算完結《かんけつ》の後後見人の催告《さいこく》に因り利息《りそく》を生ずるものなり

第二百十一條　後見《こうけん》の計筭《けいさん》に係《かゝ》る未成年者の訴權《そけん》は五个年の時效《じこう》に因りて消滅《しようめつ》す後見人其他《そのた》假《かり》に後見管理《かんり》を爲したる人の未成年者に對する訴權《そけん》も亦同じ

未成年者《みせいねんしや》と後見監督人《こうけんかんとくにん》又は親族會員《しんぞくかいいん》との間の後見《こうけん》に係る訴權《そけん》に付ても亦《また》前項《ぜんこう》の規定《きてい》を適用《てきよう》す

此期間《このきかん》は未成年者の成年《せいねん》に達し又は死亡《しぼう》したる日より起筭《きさん》し第二百八條の場合《ばあい》に於て後見の計筭《けいさん》に係る訴權に付ては合意無效《ごういむこう》の裁判言渡《さいばんいいわたし》の日より起筭《きさん》す

註後見の計筭《けいさん》に係る未成年者の訴權は五个年の時効に因りて消滅《しようめつ》す

るなり後見人其他假に後見管理を爲したる人の未成年者に對する訴權も亦五个年の時效《じこう》に因りて消滅するものなり

未成年者と後見監督人《こうけんかんとくにん》又は親族會員との間の後見に係る訴權《そけん》に付ても亦前と同樣《どうよう》なり

此期間《このきかん》は未成年者の成年に達し又は死亡《しぼう》したる日より起算《きさん》し第二百八條の場合に於て後見の計算に係る訴權《そけん》に付ては合意無効の裁判言渡の日より起算すへきものなり

第二百十二條　後見監督人《こうけんかんとくにん》及ひ假《かり》に後見管理を爲したる人は代理《だいり》契約《けいやく》の原則《げんそく》に從ひて過失《かしつ》の責に任す

註 後見監督人及ひ假に後見管理《こうけんかんり》を爲したる人は代理契約の原則《げんそく》に從ひて過失の責《せめ》に任《にん》するものなり

第十一章　自治產《じちさん》

註 本章凡て九條自治產のことを定めたるものなり

第二百十三條　未成年者は婚姻《こんいん》を爲すに因りて當然《とうぜん》自《じ》治《ち》產《さん》の權を得

㊟未成年者は婚姻《こんいん》を爲すに因りて當然自治產の權を得るものなり
自《じ》治《ち》產《さん》とは未成年者自《みづか》ら財產《ざいさん》を治むることを云ふ

第二百十四條　親權《しんけん》を行ふ父又は母は滿十五年に達したる未成年の子に自《じ》治《ち》產《さん》を許すことを得
此自治產は身《み》分《ぶん》取扱吏《とりあつかいり》に届出つ可し

㊟親權《しんけん》を行ふ父又は母滿は十五年に達したる未成年の子に自治產を許すことを得るなり
此自治產は身分取扱吏《みぶんとりあつかいり》に届出《とどけいで》る可きものなり

第二百十五條　後見《こうけん》に服せる未成年者の滿十七年に達しあるときは親族會《しんぞくくわい》は其未成年者に自治產《じちさん》を許すてとを得

保佐ニ付ス　人ニツケルコト　保佐

選定　エラミサタメル

此自治産は後見人より身分《みぶん》取扱吏《とりあつかいり》に届出つ可し

註 後見に服《ふく》する未成年者《みせいねんしや》の滿十七年に達したるときは親族會は其未成年者に自治産《じちさん》を許すことを得るなり

此自治産は後見人《こうけんにん》より身分取扱吏に届出つへきものなり

第二百十六條　自治産《じちさん》の未成年者は之を保佐《ほさ》に付《ふ》す

親權《しんけん》を行ひたる父又は母は當然《とうぜん》保佐人と爲る

親權を行ふ父又は母は其生前《そのせいぜん》に第百六十五條の規定に從ひて保佐人を指定《してい》することを得若し之を指定《してい》せさりしときは其家《そのいへ》の祖父《そふ》保佐人《ほさにん》と爲り家族《かぞく》に付ては成年《せいねん》の戸主保佐人と爲る

夫は當然未成年の婦《ふ》の保佐人《ほさにん》と爲る

此他《このた》の場合《ばあい》に於ては親族會《しんぞくかい》に於て保佐人を選定《せんてい》す

註 自治産《じちさん》の未成年者は之を保佐人乃保佐に付するものなり

領收 ウケヲサメル

親權《しんけん》を行ひさる父又は母は當然《とうぜん》保佐人《ほさにん》と爲るなり
親權を行ふ父又は母は其生前に第百六十五條の規定《きてい》に從ひて保佐人を指定することを得るなり若し之を指定《してい》せさりしときは其家の祖父保佐人と爲り家族《かぞく》に付ては成年の戸主保佐人と爲るなり
夫は當然《とうぜん》未成年の婦の保佐人と爲るものとす
此他の場合に於ては親族會《しんぞくかい》に於て保佐人を選定《せんてい》すへきものとす

第二百十七條　後見人に關《かん》して定めたる免除《めんじよ》、缺格《けつかく》、除斥《せき》及ひ罷黜《ひじつ》の規則は之を保佐人《ほさにん》に適用《てきよう》す

註 後見人に關《かん》して定めたる免除《めんじよ》、缺格《けつかく》、除斥《じよせき》及ひ罷黜《ひじつ》の規則《きそく》は之を保佐人にも適《てき》するものとす

第二百十八條　自治產《じちさん》の未成年者は保佐人《ほさにん》の立會《たちあい》あるに非されは元本《げんぽん》を領收《りやうしう》することを得す

註 自治產の未成年者《みせいねんしや》は保佐人の立會《たちあい》あるに非されは元本を領收《りやうしう》する

過失《アヤマツ》
廢止《ヤメル》

ことを得さるものなり

第二百十九條　第百九十四條に掲けたる行爲《かうい》に付ても自治產《じちさん》の未成年者は保佐人《ほさにん》の立會《たちあい》あるに非されは之を爲すことを得す

㊟第百九十四條に掲けたる行爲に付ては自治產の未成年者は保佐人の立會《たちあい》あるあらされは之を爲すことを得さるものなり

第二百二十條　父母《ふぼ》を除く外保佐人《ほさにん》は後見人と同しく過失《くわしつ》の責《せめ》に任す

㊟父母を除く外保佐人は後見人と同しく過失《くわしつ》の責に任《にん》すへきものなり

第二百二十一條　自治產《じちさん》を許されたる未成年者か不行跡《ふぎやうせき》又は財產管理《ざいさんくわんり》の失當《しつたう》に因りて自治產者《じちさんしや》たるに適《てき》せさるときは親族會《しんぞくくわい》は其自治產を廢止《はいし》することを得

親《しん》權《けん》を行ひたる父又は母は自治產《じちさん》を廢止《はいし》することを得若し此《これ》等《ら》の者あらさるときは親族會員又は保佐人《ほさにん》は此廢止を親族會に求むることを得

未《み》成《せい》年《ねん》者《しや》は自治產廢止の日より親權又は後見《こうけん》に服し成《せい》年《ねん》に達《たつ》するまで復た自治產者と爲ることを得す

註 自治產を許されたる未成年者か不行跡又は財產管理《ざいさんかんり》の失當に因りて自治產者たるに適せさるときは親族會は其自治產を廢止することを得るなり

親權を行ひたる父又は母は自治產を廢止することを得るなり若し此等の者あらさるときは親族會員《しんぞくかいいん》又は保佐人は此廢止を親族會に求むることを得るなり

未成年者は自治產廢止《はいし》の日より親權又は後見に服《ふく》し成年《せいねん》に達《たつ》するまて復た自治產者《じちさんしや》と爲ることを得さるなり

第十二章　禁治産《きんちさん》

㊟本章は第二百二十二條に始まり第二百四十二條に終る凡て二十條禁治産のことを定めたるものなり

禁治産とは財産を治むることを禁するを云ふ而して民事上の禁治産と刑事上の禁治産との二あり

第一節《せつ》　民事《みんじ》上禁治産《じようきんちさん》

第二百二十二條　心神喪失《しんしんそうしつ》の常況《じようきやう》に在る者は時時《じじ》本心《ほんしん》に復《ふく》すること有るも其治産《ちさん》を禁することを得

㊟心神喪失の常況《じようきやう》に在る者は時々本心に立かへることあるを其治産を禁することを得るなり

心神喪失《しんしんそうしつ》の常況に在るものとは常に平常《へいじよう》の心を失ふものを云ふ

第二百二十三條　禁治産《きんちさん》は配偶者《はいぐうしや》、四親《ししん》等内の親族《しんぞく》、戸主《こしゆ》及ひ検事より之を區裁判所に請求《せいきう》することを得

既判力サイハンシタトイフカ

禁治産を請求する權利《けんり》を有する一人の申立《もうしたて》に因りて言渡したる裁判《さいばん》は總ての人に對して既《き》判力《はんりよく》を有す

㊟禁治産は配偶者、四親《ししん》等内の親族、戶主及ひ檢事より之を區裁判所に請求することを得るなり

禁治産《きんちさん》を請求せる權利《けんり》を有する一人の申立に因りて言渡したる裁判は凡ての人に對して既判力《きはんりよく》を有するものなり

第二百二十四條　禁治産者《きんちさんしや》は之を後見《こうけん》に付す

偶配者は當然《とうぜん》相互《そうご》に後見人と爲る若し配偶者《はいぐうしや》あらさるときは其家《そのいへ》の父後見人と爲り父あらさるときは親《しん》權《けん》を行ふことを得へき母後見人と爲る

父又は母は第百六十五條に定めたる方式《ほうしき》に從ひて後見人を指定することを得若し指定《してい》せさりしときは第百六十六條の規定《きてい》を適用《てきよう》す

免除　ユルシ
除斥　シリゾケル
罷黜　ヤメサセル

法律上の後見人も遺言《いげん》後見人も有らす又は此等の後見人か免除《めんじよ》せられ除斥《じよせき》せられ若くは罷黜《ひちつ》せられたるときは第十章に定めたる方式に從ひ親族會《しんぞくくわい》に於て後見人を選定《せんてい》す

㊟禁治者は之を後見に付すへきものなり配偶者《はいぐうしや》は當然《とうぜん》相互に後見人と爲る故に夫禁治産者となりさるまたは婦は其後見人となり婦治産《ちさん》を禁しられたるときは夫其後見人となるなり若し其配偶者《そのはいぐうしや》あらさるときは其家《そのいへ》の父後見人と爲り父あらさるときは親權《しんけん》を行ふことを得へき母後見人と爲るなり父又は母は第百六十五條に定めたる方式《ほうしき》に從ひて後見人を指定することを得るなり若し指定《してい》せさりしときは第百六十六條の規定《きてい》を適用《てきよう》するものとす
法律上の後見人も遺言《いげん》後見を有らす又は此等の後見人か免除《めんじよ》せられ

除斥せられ若くは罷黜《ひしつ》せられたるときは第十章に定めたる方式に従ひ親族會に於て後見人を選定《せんてい》すへきなり

第二百二十五條　配偶者《はいぐうしや》、尊属親《そんぞくしん》、卑親属《ひぞくしん》及ひ戸主《こしゆ》を除く外何人《なにひと》たりとも十个年以上禁治産者《きんちさんしや》の後見を擔任《たんにん》することを要せす

(註)配偶者《はいぐうしや》、尊属親《そんぞくしん》、卑属親《ひぞくしん》及ひ戸主《こしゆ》を除く外何人たりとも十个年以上禁治産者の後見を擔任《たんにん》することを要《よう》せさるなり

第二百二十六條　未成年者《みせいねんしや》の後見に係る規定《きてい》は禁治産《きんちさん》者《しや》の後見に之を適用《てきよう》す

(註)未成年者の後見に係《かゝ》る規定は禁治産者の後見《こうけん》に之を適用《てきよう》すへきものとす

第二百二十七條　疾病《しつぺい》の性質《せいしつ》と資産《しさん》の状況《ちやうきやう》とに従ひて禁治産者《きんちさんしや》を自宅に療養《りやうやう》せしめ又は之を病院《びやういん》に入らしめ

むるは親族會の決議に依る但瘋癲《ふうてん》病院《びやういん》に入らしめ又は自宅《じたく》に監置《かんち》する手續《てつゞき》は特別法《とくべつほう》を以て之を定む

(註)疾病の性質《せいしつ》と資産《しさん》の狀況とに從ひて禁治産者を自宅《じたく》に療養せしめ又は之を病院に入らしむるは親族會の決議《けつぎ》に依るものなり但瘋癲病院に入らしめ又は自宅に監置《かんち》する手續は特別法を以て之を定むるなり

第二百二十八條　法律上《はふりつじやう》の後見人は第百九十二條に定めたる管理狀況《かんりちやうきやう》の報告《ほうこく》を爲すことを要せす

(註)法律上の後見人《こうけんにん》は第百九十二條に定めたる管理《かんり》狀況の報告《ほうこく》を爲すことを要するなり

第二百二十九條　禁治産者《きんちさんしや》の財産《ざいさん》を以て其子孫《しそん》の敎育《きやういく》、婚姻又は營業《えいぎやう》の資《し》に供せんとするときは親族會の許《きよ》可《か》を得ることを要す

銷除ノゾク
確明タシカ

註 禁治產者の財產を以て其子孫の敎育《きやういく》、婚姻又は營業《えいぎやう》の資《し》に供せんとするときは親族會の許可を得ることを要するなり

第二百三十條　禁治產者《きんちさんしや》は禁治產の裁判《さいはん》言渡《いひわたし》の日より無能力者《むのうりよくしや》とす

裁判言渡後に爲したる禁治產者《きんちさんしや》の行爲は之を銷除《せうぢよ》することを得

禁治產の裁判言渡前に爲したる禁治產者か行爲《かうい》に對しても其行爲の當時《とうじ》に於て喪心《さうしん》の明確《めいかく》なるときは銷除訴權《そけん》を行ふことを得

註 禁治產者《きんちさんしや》は禁治產の裁判言渡の日より無能者となるものなり

裁判言渡後に爲したる禁治產者の行爲は之を消除《せうぢよ》することを得るものなり

禁治產の裁判言渡前に爲したる禁治產者の行爲《かうい》に對しても其行爲の

回復 モトノゴトクニトリカヘス
耗弱者 ヨハリタルモノ
聾唖者 耳モキコエナケレバロモイヘヌモノ
盲者 メノミヘヌモノ
浪費者 ミダリニキンセンヲ費ヤスモノ

常時に於て平常《へいじよう》の心を失ひたることの明確《めいかく》なるときは銷除訴権を行ふことを得るものなり

第二百三十一條　禁治産の原因《げんいん》止みたるときは本人、配《はい》偶者《ぐうしや》、親族、姻族《いんぞく》、戸主、後見《こうけん》人《にん》又は検事《けんじ》の請求に因りて其禁《きん》を解《と》くを可し

禁治産者は解禁《かいきん》の裁判《さいはん》言渡《いひわたし》後に非されは其権利《けんり》を回《くわい》復《ふく》することを得す

(註)禁治産の原因《げんいん》止みたるときは本人、配偶者、親族、姻族《いんぞく》、戸主《こしゆ》、後見人又は検事の請求に因りて其禁《きん》を解《と》くへきものなり

禁治産者は解禁《かいきん》の裁判言渡後にあらされは其権利を回復《くわいふく》することを得《え》さるなり

第二節　准禁治産《じゆんきんちさん》

第二百三十二條　心神《しんしん》耗弱者《もうじやくしや》、聾唖者《ろうあしや》、盲者《もうしや》及ひ浪費者《ろうひしや》

は準禁治産者《じゆんきんぢさんしや》と爲して之を保佐《ほさ》に付することを得
準禁治産の言渡《いひわたし》は配偶《はいぐう》者、三親等内《さんしんとうない》の親族《しんぞく》及ひ戸主の請求《せいきう》に因り區裁判所之を爲す
保佐人に付ても第二百二十四條及ひ第二百二十五條の規定《きてい》を適用《てきよう》す

㊟心神耗弱者《しんしんもうじやくしや》、聾唖者《ろうあしや》、盲《もう》者及ひ浪費《ろうひ》者は準治産者と爲して之を保佐に付することを得るなり
準禁治の言渡は配偶者《はいぐうしや》、三等親内《とうしんない》の親族及ひ戸主の請求に因り區裁判所之を爲すものなり
保佐人に付ては第二百二十四條及ひ第二百二十五條の規定《きてい》を適用するなり

第二百三十三條　第二百十七條乃至第二百二十條の規《き》定《てい》は之を準禁治産《じゆんきんぢさん》に適用す

裁判所は狀況《じやうけう》に從ひ保佐人の立會あるに非されは管《くわん》理《り》行爲《かうい》をも爲すことを得さる旨《むね》を言渡すことを得

註 第二百十七條乃至第二百二十條の規定は之を准禁治産に適用するなり

裁判所は狀況《じやうけう》に從ひ保佐人《ほさにん》の立會あるにあらされば管理行爲をも爲すことを得さる者を言渡《いひわた》すことを得るなり

第二百三十四條　准禁治産者《じゆんきんぢさん》か保佐人の立會《たちあひ》なくして爲したる行爲《かうい》に付ては第二百三十條の規定を適用す

註 准禁治産者か保佐人の立會なくして爲したる行爲に付ては第二百三十條の規定《きてい》を適用《てきよう》すへきなり

第二百三十五條　准禁治産の原因《げんいん》止みたるときは本人、配偶者《はいぐうしや》、親族《しんぞく》、姻族《いんぞく》、戸主《こしゆ》、保佐人《ほさにん》又は檢事の請求に因りて其《その》禁《きん》を解《と》く可し

(註)准禁治産《じゆんきんじさん》の原因《げんいん》止みたるときは本人、配偶者《はいぐうしや》、親族《しんぞく》、姻族《いんぞく》、戸主、保佐人又は檢事《けんじ》の請求に因りて其禁《きん》を解《と》くへきものなり

第三節　刑事上禁治産《けいじじやうきんじさん》

第二百三十六條　刑事上禁治産を受けたる者は其財産《ざいさん》を管理《くわんり》することを得す又遺言《いけん》を以てする外は其財産を處分《しよぶん》することを得す

(註)刑事上禁治産《けいじじやうきんじさん》を受けたる者は其財産を管理《くわんり》することを得す又遺言を以てする外は其財産を處分《しよぶん》することを得さるなり

第二百三十七條　刑事上禁治産者《けいじじやうきんじさんしや》には後見人《こうけんにん》を付して其財産を管理《くわんり》せしむ此後見人の指定《してい》及ひ管理の方法《はうはふ》に付ては民事《みんじ》上禁治産者の後見《こうけん》に係《かゝ》る規定《きてい》を適用す第二百二十九條の場合に於ては禁治産者《きんじさんしや》の同意《どうい》を得るを以て足《た》る

瘋癲者《キチガイ》

註 刑事上禁治産者《けいじじやうきんじさんしや》には後見人《こうけん》を付して其財産を管理《くわんり》せしむ此後見人の指定《してい》及ひ管理《くわんり》の方法に付ては民事上禁治産者の後見に係《かゝ》る規定《きてい》を適用すへきなり

第二百二十九條の場合《ばあひ》に於ては禁治産者の同意《どうい》を得るを以て足るなり

第四節　瘋癲者《ふうてんしや》の財産《ざいさん》の假管理《かりくわんり》

第二百三十八條　禁治産《きんじさん》を受けさる瘋癲者《ふうてんしや》あるときは配偶者《はいぐうしや》、親族《しんぞく》、戸主《こしゆ》及ひ檢事《けんじ》は區裁判所の許可《きよか》を得て特別法《とくべつはふ》に定むる手續《てつゞき》に從ひ之を瘋癲病院《ふうてんびやうゐん》に入れ又は自宅《じたく》に監置《かんち》することを得

此場合に於ては裁判所は直《たゞ》ちに假管理《かりくわんり》人を指定《してい》す

註 禁治産《きんじさん》を受けさる瘋癲者《ふうてんしや》あるときは配偶者、親族《しんぞく》、戸主及ひ檢事は區裁判所の許可を得て特別法に定むる手續に從ひ之を瘋癲病院《ふうてんびやうゐん》に

代表《カハリトナル》

入れ又は自宅に監置することを得るなり
此場合に於ては裁判所は直ちに假管理人《かりくわんりにん》を指定《してい》すへきなり

第二百三十九條、瘋癲病院《ふうてんびやういん》に入り又は自宅《じたく》に監置《かんち》せられたる者は入院中又は監置中《かんちちう》其財産を管理《くわんり》し及ひ處分《しよぶん》することを得す

註 瘋癲病院《ふうてんびやういん》に入り又は自宅に監置《かんち》せられたる者は入院中又は監置中其財産《ざいさん》を管理《くわんり》し及ひ處分《しよぶん》することを得《う》さるなり

第二百四十條　假管理人《かりくわんりにん》は瘋癲者《ふうてんしや》の總《すべ》ての行爲《かうい》に付て之を代表《たいひやう》し禁治産者の後見人と同視《どうし》せらる但必要《ひつえう》なる行爲に非されは之を爲すことを得す

註 假管理人《かりくわんりにん》は瘋癲者《ふうてんしや》の總《すべ》ての行爲に付て之を代表し禁治産者《きんぢさんしや》の後見人と同視《どうし》せらるゝなり但必要《ひつえう》なる行爲にあらされは之を爲すことを得さるなり

銷除《ケシノゾク》

第二百四十一條　瘋癲者《ふうてんしや》の入院中又は監置中《かんちちう》に行爲を爲したる證據《しようこ》あるときは其行爲を銷除《せうぢよ》することを得但相手方か瘋癲者の本心《ほんしん》にて行爲を爲したることを證《しよう》するときは此限に在らす

註 瘋癲者《ふうてんしや》の入院中又は監置中《かんちちう》に行爲を爲したる證據《しようこ》あるときは其行爲を消除することを得るなり但相手方《あひてかた》か瘋癲者《ふうてんしや》の本心にて行爲を爲したることを證するときは此限《このかぎり》に在らさるものとす

第二百四十二條　瘋癲者の無能力は區裁判所か假管理を解くに因りて止む

註 瘋癲者《ふうてんしや》の無能力《むのうりよく》は區裁判所《くさいばんしよ》か假管理《と》を解くに因《よ》りて止むものなり

第十三章　戸主《こしゆ》及ひ家族《かぞく》

解 本章は第二百四十三條に始《はじ》まり第二百六十一條に終る凡《すべ》て十九條戸主及ひ家族《かぞく》のことを定めたり

第二百四十三條　戸主とは一家の長《ちやう》を謂《い》ひ家族《かぞく》とは戸主の配偶者《はいぐうしや》及ひ其家に在る親族《しんぞく》、姻族《いんぞく》を謂ふ
戸主及ひ家族は其家の氏《し》を稱す

註 戸《こ》主《しゆ》とは一家の長を謂ひ家族《かぞく》とは戸主の配偶者《はいぐうしや》及ひ其家に在る親族、姻族《いんぞく》を謂《い》ふものなり
戸主及ひ家族《かぞく》も其家の氏を稱すへきものなり即ち其家山田といへは山田と稱するか如し

第二百四十四條　戸主は家族《かぞく》に對して養育及ひ普通教《ふつうきやう》育《いく》の費用《ひよう》を負擔《ふたん》す但家族《かぞく》か自ら其費用を辨《べん》するときを得るとき又は戸主の許諾《きよだく》を受けすして他所《たしよ》に在るときは此限に在らす

註 戸主《こしゆ》は家族《かぞく》に對《たい》して養育《やういく》及ひ普通教育の費用を負擔《ふたん》すへきなり但家か自ら其費用《ひよう》を辨すること を得るとき又は戸主の許諾を受けすし

齎帶モタラシテ

償還カヘス

許諾ユルシ

て他所に在るときは此限に在らさるなり

第二百四十五條　家族《かぞく》は特別《とくべつ》に職業《しよくげう》を營《いとな》むに因りて取《しゆ》得《とく》したる利益《りえき》及ひ其齎帶《さいたい》し又は遺産相續、贈與《ぞうよ》若くは遺贈《いぞう》に因《よ》りて取得したる財産の所有權《しよゆうけん》を有す

然れとも家族か其家の爲め消費したる財産《ざいさん》に付ては戸主に對して償還《しやうくわん》を求むることを得す

註 家族《かぞく》は特別《とくべつ》に職業を營むに因りて取得したる利益《りえき》及ひ其齎帶《さいたい》し又は遺産相續《いさんさうぞく》、贈與《ぞうよ》若くは遺贈に因りて取得したる財産の所有權《しよいうけん》を有するものなり

然れとも家族《かぞく》か其家の爲め消費《せうひ》したる財産に付ては戸主《こしゆ》に對して償還を求《もと》むることを得さるなり

第二百四十六條　家族《かぞく》は婚姻《こんいん》又は養子《やうし》縁組《ゑんぐみ》を爲さんとするときは年齢《ねんれい》に拘《かゝ》はらす戸主の許諾《きよだく》を受く可し

復歸カヘル

（註）家族《かぞく》は婚姻《こんいん》又は養子《やうし》縁組《えんぐみ》を爲さんとするときは年齢に拘はらす戸主の許諾を受く可きものなり

第二百四十七條　他家《たけ》に入りて夫婦《ふうふ》又は養子《やうし》と爲りたる者は婚姻《こんいん》の無效《むかう》、養子縁組の無效、離婚《りこん》又は離縁《りえん》の場合に於ても實家《じつか》に復歸《ふくき》す
然れとも此者か婚姻《こんいん》又は養子縁組に付實家戸主の許諾《きよだく》を受けさりしときは戸主は復歸《ふくき》の事由《じゆう》を知りたる日より一个月内に身分《みぶん》取扱吏《とりあつかひり》に申立て復歸を拒《こば》むことを得《う》

（註）他家《たけ》に入りて夫婦《ふうふ》又は養子《やうし》と爲りたる者は婚姻の無效、養子縁組の無效《むかう》、離婚《りこん》又は離縁《りえん》の場合《ばあひ》に於ては實家に復歸をへきなり
然れとも此者《このもの》か婚姻又は養子《やうし》縁組《えんぐみ》に付き實家戸主の許諾《きよだく》を受けさりしときは戸主《こしゆ》は復歸の事由《じゆう》を知りたる日より一个月内に身分取扱吏

新立　アラタニタテル

に申立て復歸《ふくき》を拒むことを得るなり

第二百四十八條　他家《たけ》に入りて夫《ふ》又は婦《ふ》と爲りたる者は其配偶者《はいぐうしや》の死亡《しばう》したるときと雖も婚家《こんか》より更《さら》に他《た》の家《いへ》に入ることを得す

然れとも婚家《こんか》及ひ實家《じつか》の戸主の許諾《きよだく》を受《う》けて實家に復歸《ふくき》することを得

註 他家《たけ》に入りて夫又は婦と爲つたる者は其配偶者《はいぐうしや》ノ死亡しさるときと雖も婚家《こんか》より更《さら》に他の家に入ることを得さるものなり

然れとも婚家及ひ實家《じつか》の戸主の許諾を受けて實家に復歸《ふくき》することを得るなり

第二百四十九條　實家《じつか》に復歸《ふくき》す可き者又は復歸せんとする者か復歸する能はさるときは一家を新立《しんりつ》す

註 實家《じつか》に復歸す可き者又は復歸せんとする者か復歸する能《あた》はさると

承繼ツク

きは一家を新立《しんりつ》すべきなり

第二百五十條　推定《すいてい》家督《かとく》相續《さうぞく》人《にん》に非さる家族たる男子《だんし》か戸主の許諾《きよだく》を受けすして婚姻《こんいん》を爲したるときは一家を新立す

㊟推定家《すいていか》督相續人《とくさうぞくにん》に非さる家族《かぞく》たる男子か戸主の許諾《きよだく》を受《う》けずして婚姻《こんいん》を爲しさるときは一家を新立すへきなり

第二百五十一條　家督《かとく》相續《さうぞく》に因《よ》りて戸《と》主《しゆ》と爲りたる者は其家を廢《はい》することを得す但分家《ぶんけ》より本家を承繼《しやうけい》し其他正當《せいとう》の事由あるときは區裁判所《くさいはんしよ》の許可《きよか》を得て廢《はい》家《か》することを得

㊟家《か》督相續《とくさうぞく》に因《よ》りて戸主と爲りたる者は其家を廢することを得さるなり但分家《ぶんけ》より本家を承繼《しやうけい》し其他正當の事由あるときは區裁判所の許可を得て廢家《はいか》することを得るなり

喪失《ウシナフ》

第二百五十二條　戸主《こしゆ》か國民《こくみん》分限《ぶんげん》を喪失《そうしつ》したるときは廢《はい》家したるものとし推定家督相續人は一家を新立し前戸主の家族《かぞく》は新戸主《しんこしゆ》の家《いへ》に入る

註 戸主か國民分限《こくみんぶんげん》を喪失《そうしつ》したるときは廢家《はいか》したるものとし推定家督《すいていかとく》相續人は一家を新立《しんりつ》し前戸主の家族は新戸主の家に入るなり

第二百五十三條　戸主か婚姻《こんいん》其他の原因《げんいん》に由りて適法《てきはふ》に廢家《はいか》し他家《たけ》に入りたるときは其家族も亦從て其家に入る

註 戸主《こしゆ》か婚姻《こんいん》其他の原因《げんいん》に由《よ》りて適法《てきはふ》に廢家《はいか》し他家《たけ》に入りたるときは其家族も亦從て其家に入るなり

第二百五十四條　卑属親《ひぞくしん》を有する者か婚姻《こんいん》若くは養子《やうし》縁組《えんぐみ》の無效又は離婚《りこん》若くは離縁《りえん》に因《よ》りて婚家《こんか》又は縁家《えんか》を去るときは卑屬親は仍《な》ほ其家《いへ》に属《ぞく》す

註 卑属親《ひそくしん》を有《いう》する者の婚姻《こんいん》若くは養子《やうし》縁組《えんぐみ》の無効《むかう》又は離婚《りこん》若くは離縁に因りて婚家又は縁家《えんか》を去るときは卑属親は仍《な》ほ其家に属するなり

協議《サウダン》

第二百五十五條　父母《ふぼ》の知れさる子は一家を新立《しんりつ》す

註 父母《ふぼ》の知《し》れざる子は一家を新立《しんりつ》するなり

第二百五十六條　他家《たけ》に入りて夫《ふ》、婦《ふ》又は養子《やうし》と為りたる者と配偶者《はいぐうしや》又は養子若くは為したる者と協議《きやうぎ》の上両家の戸主の許諾を受けて實家《じつか》より在る卑属親を自家《じか》に引取ることを得

婚姻若くは養子《やうし》縁組《えんぐみ》の無效又は離婚《りこん》若くは離縁に因りて婚家又は縁家《えんか》を去りたる者は配偶者又は養子《やうし》を為せし者と協議の上両家《りやうけ》の戸主《こしゆ》の許諾を受けて其家に在る卑属親を自家《じか》より引取ることを得

許諾《ユルシ》

註他家《たけ》に入りて夫《ふう》、婦《ふ》又は養子《やうし》と爲りたる者は配偶者《はいぐうしや》又は養子《やうし》を爲したる者と協議《きやうぎ》乃上兩家の戸主の許諾《きよだく》を受けて實家に在る卑屬親を自家ヌ引取ることを得るなり

婚姻若くは養子《やうし》縁組の無効又は離婚《りこん》若くば離縁《りえん》に因りて婚家《こんか》又は縁家を去りたる者は配偶者《はいぐうしや》又は養子を爲せし者と協議の上兩家《りやうけ》の戸主の許諾を受けて其家《いへ》に在る卑屬親《ひぞくしん》を自家《じか》に引取《ひきと》ることを得るなり

第二百五十七條　戸主《こしゆ》か家族《かぞく》に對して婚姻《こんいん》其他の事件《じけん》に付き許諾《きよだく》を與ふ可き場合に於て未成年《みせいねん》なるとき又は其意思を表する能はさるときは戸主《こしゆ》に對《たい》して親權《しんけん》を行ふ者又は後見人之を代表を

註戸主か家族《かぞく》に對して姻婚其他の事件に付き許諾を與ふ可き場合《ばあひ》に於て未成年《みせいねん》なるとき又は其意思《いし》を表する能はさるときは戸主に對して親權《しんけん》を行ふ者又は後見人之を代表するなり

單身《シトリミ》

第二百五十八條　入夫《にうふ》婚姻《こんいん》の場合に於ては婚姻《こんいん》中《ちう》入夫は戸主を代表《だいひやう》して其權を行ふ

㊟入夫《にうふ》婚姻《こんいん》の場合《ばあひ》に於ては婚姻中入夫が戸主を代表して其權《そのけん》を行ふものなり

第二百五十九條　戸主《こしゆ》失踪《しつそ》の宣言《せんげん》ありたる後其家督相續の占有《せんいふ》を得たる者は其占有中戸主の權《けん》を行ふ

㊟戸主失踪《こしゆしつそ》の宣言《せんげん》ありたる後其家《そのか》督相續《とくさうぞく》の占有《せんいう》を得たる者は其占有中戸主の權を行ふものなり

第二百六十條　單身《たんしん》戸主失踪《こしゆしつそ》の宣告《せんげん》ありて其亡失《そのばうしつ》若しは最後《さいご》音信《いんしん》の日より三十个年に至るも家督相續《かとくさうぞく》の占有者なきときは絶家《ぜつけ》す

㊟單身戸主失踪《しつそ》の宣言《せんげん》ありて其亡失若くは最後音信の日より三十个年に至るも家督相續《かとくさうぞく》の占有者《せんいうしや》なきときは絶家《ぜつけ》するものなり

變更《カヘル》

第二百六十一條　戸主死亡して家督《かとく》相續《さうぞく》人なきときは絶家《ぜつけ》して其家族は一家を新立《しんりつ》す

註戸主死亡《こしゆしばう》して家督《かとく》相續《さうぞく》人なきとは繼家《ぜつけ》し其家族は一家を新立するなり

第十四章　住所《じゆうしよ》

註本章凡《すべ》て七條住所のことを定《さだ》めたるものなり

第二百六十二條　民法上《みんはうじやう》の住所は本籍地《ほんせきち》に在るものとす

註民法上《みんはふじやう》の住所《じゆうしよ》とは本籍地《ほんせきち》に在るものを謂ふなり

第二百六十三條　戸主《こしゆ》は本籍《ほんせき》を移《うつ》す地の身分取扱吏《みぶんとりあつかひり》に申述して住所を變更《へんかう》することを得

未成年者《みせいねんしや》又は民事上禁治産者《きんじさんしや》たる戸主の住所は親族《しんぞく》會《くわい》の許可《きよか》を得て後見人《こうけんにん》之を變更《へんかう》することを得

註戸主は本籍《ほんせき》を移《うつ》す地の身分取扱吏《みぶんとりあつかひり》に申述して住所を變更《へんかう》することを得るなり

未成年者又は民事上禁治《みんじじやうきんじ》産《さん》者たる戸主の住所は親族會の許可《きよか》を得て後見人之を變更することを得るなり

第二百六十四條　家族《かぞく》か獨立《どくりつ》して一家を成すときは本《ほん》籍《せき》を定《さだ》むる地の身分取扱吏に其意思《いし》を申述して住所を設定《せつてい》することを得

一家新立の未成《みせい》年者《ねんしや》に付ては後見人住所を設定す可し

註家族《かぞく》か獨立《どくりつ》して一家を成すときは本籍を定むる地の身分取扱吏《みぶんとりあつかひり》に其意思《そのいし》を申述《しんじゆつ》して住所を設定することを得るなり

一家新立の未成年者《みせいねんしや》に付ては後見人住所を設定《せつてい》すへきものなり

第二百六十五條　外國人《ぐわいこくじん》始《はじ》めて日本に住所《じゆうしよ》を定むるとき

きは其意思《いし》並《ならび》に本國、氏名及ひ出生年月日を其地の身分《みぶん》取扱吏《とりあつかひり》に申述し家族《かぞく》あるときは其氏名《しめい》及ひ出生年月日をも申述す可し

註 外國人《ぐわいこくじん》始《はじ》めて日本に住所を定むるときは其意思《いし》幷《ならび》に本國、氏名及ひ出生年月日を其地の身分取扱吏に申述し家族《かぞく》あるときは其氏名《しめい》及ひ出生年月日をも申述すへきものなり

第二百六十六條　本籍地《ほんせきち》か生計《せいけい》の主要《しゆえう》たる地と異《こと》なるときは主要地を以て住所と爲す

註 本籍地《ほんせきち》か生計の主要《しゆえう》たる地と異なるときは主要地を以て住所と爲すへきなり例《たと》へは籍のある所は長崎《ながさき》なれとも現在住居して職業《しよくげふ》を營《いとな》む所大坂なるときは大坂を住居とするか如し

第二百六十七條　左の場合《ばあい》に於ては居所《きよしよ》を以て住所に代用す

選定《エラム》

假住所《ヨウノアルアイダヲルトコロ》

　第一　住所《じゆうしよ》の知れさるとき

　第二　日本に住所を定《さだ》めさる外國人に關《くわん》するとき

(註)左の場合《ばあい》に於ては居所を以て住所に代用《だいよう》するなり

　第一　住所《じゆうしよ》の知れさるとき

　第二　日本に住所《じゆうしよ》を定めさる外國人に關《くわん》するとき

第二百六十八條　何人《なんびと》と雖も或る行爲《かうい》又は事務《じむ》の爲めに假住所《かりじゆうしよ》を選定《せんてい》することを得但此選定は書面《しよめん》を以てすることを要を

(註)何人と雖も或る行爲《かうい》又は事務《じむ》の爲めに假住所を選定することを得るなり但此選定《せんてい》は書面《しよめん》を以てすることを要す

第十五章　失踪《しつそ》

(註)本章は第二百六十九條に始《はじ》まり第二百八十八條に終《おは》る凡て二十條失踪《しつそ》のことを定めたるものなり

音信《ヲトヅレ》

第一節　失踪《しつそ》の推定《たいてい》

第二百六十九條　住所《じゆうしよ》及ひ居所より亡失《ばうしつ》し又は音信絶ゑて生死分明ならさる人は之を失踪者と推定す

此推定《たいてい》の裁判《さいばん》は本人の住所の區《く》裁判《さいばん》所《しよ》之を爲す

㊟住所《じゆうしよ》及ひ居所よりも亡失し又は音信《いんしん》絶《た》ゑて生死《せいし》分明《ぶんめい》ならさる人は之を失踪者《しつそしや》と推定《たいてい》するなり

此推定の裁判は本人の住所の區裁判所《くさいばんしよ》之を爲《な》すものなり

第二百七十條　失踪の推定を受けたる者か總理代理人を定置かれたるときは其代理人は失踪の推定中本人の財産を管理す但必要あるときは裁判所は現實の利益を有する關係人、推定相續人又は檢事の請求に因りて代理人の解任を言渡し又は其後任を指定することを得

注　失踪の推定を受けたる者か總理代人を定置きたるときは其代理人は失踪の推定中本人の財産を管理すへきものなり但必要あるときは裁判所は現實の利益を有する關係人、推定相續人又は檢事の請求に因りて代理人の解任を言渡し又は其後任を指定することを得るなり

第二百七十一條　失踪《しつそ》の推定《すいてい》を受《う》けたる者か總理代理人《そうりだいりにん》を定置《さだめお》かさりしときは裁判所は前條に揭《かい》けたる者の請求《せいきう》に因りて管理人《くわんりにん》を指定す
此管理人は成る可く推定相續人を指定《してい》することを要す

注　失踪《しつそ》の推定《すいてい》を受《う》けたる者か總理代理人《そうりだいりにん》を定め置かさりしときは裁判所は前條《ぜんでう》に揭《かい》けたる者の請求に因りて管理人を指定《してい》すへきものとす
此管理人には成る可く推定相續人《すいていそうぞくにん》を指定《してい》することを要す

代表　カハリトナル

選定　サダメル

確定　タシカニサダメル

第二百七十二條　代理人《だいりにん》又は管理人《くわんりにん》は管理行爲《くわんりかうい》を爲す權限《けんげん》のみを有し他《た》の行爲に付ては必要《ひつえう》の場合に限り裁判所の許可《きよか》を得て之を爲すことを得

代理人又は管理人は本人の利益に關係ある目錄調製《もくろくてうせい》、計筭《けいさん》及ひ清筭《せいさん》に付て本人を代表《だいひやう》す

(註)代理人《だいりにん》又は管理人は管理行爲を爲し權限《けんげん》のみを有す他の行爲《かうい》に付ては必要《ひつえう》の場合《ばあい》に限り裁判所の許可《きよか》を得て之を爲すことを得るなり

代理人又は管理人《くわんりにん》は本人の利益《りえき》に關係ある目錄調製《もくろくてうせい》、計算《けいさん》及ひ清算《せいさん》に付て本人を代表《だいひやう》するものとす

第二百七十三條　管理人《くわんりにん》は失踪者《しつそうしや》の動産《どうさん》及ひ證書《しようしよ》の目錄《もくろく》を調製《てうせい》す可し又不動産の形狀《けいじやう》を確定《かくてい》せしむる爲め鑑定人《かんていにん》の選定を裁判所に請求することを得鑑定人の報告書は裁判所《さいばんしよ》の認可《にんか》に付することを要す此等《これら》の手

返還《カヘ》ス

續の費用《ひよう》は本人の財產《ざいさん》を以て之を支辨《しべん》す
關係人《くわんけいにん》、推定相續人《すいていさうぞくにん》又は撿事《けんじ》の請求あるときは本條の規定《きてい》を代理人に適用《てきよう》することを得

註 管理人は失踪者《しつそうしや》の動產《どうさん》及ひ證書《しようしよ》の目錄《もくろく》を調製すへきなり又不動產の形狀を確定せしむる爲め鑑定人《かんていにん》の選定《せんてい》を裁判所に請求することを得るなり鑑定人の報告書《ほうこくしよ》ハ裁判所の認可《にんか》に付することを要す此等の手續の費用は本人の財產《ざいさん》を以て之を支辨すへきなり
關係人、推定相續人又は撿事《けんじ》の請求あるときは本條の規定《きてい》を代理人に適用することを得るなり

第二百七十四條　代理人《だいりにん》又は管理人《くわんりにん》は推定相續人を除《のぞ》く外其請求に因りて裁判所か定めたる給料《きうれう》を受く裁《さい》判所《はんしよ》は管理《くわんり》及ひ財產《ざいさん》返還《へんくわん》か擔保として保證人其他相《さう》當《たう》の擔保《たんぽ》を立てしむることを得

註 代理人《だいりにん》又は管理人《くわんりにん》は推定《たいてい》相續人を除《のぞ》く外其請求に因りて裁判所の定めたる給料を受《う》くるなり裁判所は管理及ひ財産返還《ざいさんへんくわん》の擔保《たんほ》として保証人其他相當の擔保《たんほ》を立てしむることを得るものとす

第二百七十五條　代理人《だいりにん》又は管理人は失踪者《しつそしや》の子孫《しそん》の教育《きやういく》、婚姻《こんいん》又は營業《えいげう》の爲め資財《しざい》を與ふるに付ては區《く》裁判所の許可《きよか》を受《う》くることを要す

註 代理人又は管理人《くわんりにん》は失踪《しつそ》者の子孫《しそん》の教育、婚姻又は營業《えいげう》の爲め資《し》財《ざい》を與ふるに付ては區裁判所の許可《きよか》を受くることを要するなり

第二節　失踪《しつそ》の宣言《せんげん》

第二百七十六條　失踪者《しつそしや》か代理人《だいりにん》を定置《さだめお》かさりしときは五个年又代理人を定置きたるときは任期《にんき》の長短《ちやうたん》を問はす七个年に至るも其生死《せいし》の音信《いんしん》を得さるに於ては失踪者の死亡《しばう》に因《よ》りて發生《はつせい》する權利を其財産上に

有する者は失踪者の住所の區裁判所に失踪《しつそ》の宣言《せんげん》を請求《せいきう》することを得

㊟失踪者《しつそしや》か代理人《だいりにん》を定め置《ち》かさりしときは五个年又代理人《だいりにん》を定置きたるときは任期《にんき》の長短《ちやうたん》を問はす七个年に至るも其生死《せいし》の音信《いんしん》を得さるに於ては失踪者《しつそしや》の死亡《しばう》に因《よ》りて發生《はつせい》する權利《けんり》を其財産上に有する者は失踪者の住所の區裁判所に失踪《しつそ》の宣言《せんげん》を請求《せいきう》することを得るなり

第二百七十七條　右請求《みぎせいきう》の許《ゆる》す可きものなるときは裁判所は失踪者《しつそしや》の住所及ひ其最後の居所の地に於て證《しよう》人《にん》訊問《おんもん》を爲す可きことを命す可し此證人訊問に付ては民事訴訟法《みんじそしようはう》に定めある忌避《きへき》の規則《きそく》を適用せす

㊟右請求《みぎせいきう》の許《ゆる》すへきものなるときは裁判所は失踪者の住所及ひ其最《さい》後《と》の居所の地に於て証人訊問《じんもん》を爲す可きことを命す可きなり此証人

訊問《じんもん》に付ては民事訴訟法に定めたる忌避《きへき》の規則を適用《てきよう》せさるものとす

第二百七十八條　證人《しようにん》訊問《じんもん》を命《めい》する決定《けつてい》を裁判所《さいはんしよ》の掲《けい》示《じ》板《はん》に掲示志且官報又は公報《こうほう》に掲載《けいさい》して之を公示《こうし》す可し

註 証人《しようにん》訊問《じんもん》を命《めい》する決定《けつて》は裁判所の掲示板に掲示し且官報又は公報に掲載《けいさい》して之を公示すへきものなり

第二百七十九條　失踪《しつそう》宣言《せんげん》の裁判は證人《しようにん》訊問《じんもん》を命し又る決定《けつてい》より一个年の後に非されは之を宣告《せんげん》することとを得す

此裁判は前條の手續《てつゞき》に從ひて之を公示《こうし》す可し

註 失踪《しつそ》宣言《せんげん》の裁判は証人訊問を命したる決定《けつてい》より一个年の後にあらされは之を宣告することを得さるなり

開封《フウヲ》ヒラク

此裁判は前條の手續《てつゞき》に從《したが》ひて之を公示すへきものとす

第三節　失踪《しつそ》宣言《せんげん》の效力《かうりよく》

第二百八十條　失踪《しつそ》宣言《せんげん》ぁ裁判《さいばん》ありたるときは失踪者の遺言《いげん》書《しよ》は關係人、推定相續人又は撿事《けんじ》の請求に因りて之を開封す可し

失踪者の亡失《ばうしつ》又は最後《さいご》音信《いんしん》の日に於ける推定相續人《さうぞくにん》其他失踪者ぁ死《し》亡《ばう》に因りて發生する權利を其財産上に有する者は直《たゞ》ちに其財産を占有《せんいう》することを得

㊟失踪宣言《せんげん》の裁判ありたるときは失踪者の遺言書は關係人、推定相續人又は撿事《けんじ》の請求に因りて之を開封《くわいふ》すへきものなり

失踪者の亡夫《ばうふ》又は最後《さいご》音信《いんしん》の日に於ける推定相續人《さうぞくにん》其他失踪者ぁ死亡に因りて發生《はいせい》する權利を其財産上に有する者は直ちに其財産を占有することを得るなり

第三者失踪者外ノモノ

第二百八十一條　失踪者《しつそしや》に属《ぞく》する財産《ざいさん》の占有《せんいう》に付ては總て相續に關する規定《きてい》を適用す
此占有《このせんいう》を得たる者は第三者に對しては財産《ざいさん》の所有者とす
然れども占有者《せんいうしや》は推定相續人《すいていさうぞくにん》を除く外財産返還《ざいさんへんくわん》の擔《たん》保《ほ》として裁判所が相當と認《みと》むる保證人其他の擔保を立つ可し其保證人《ほしやうにん》の義務《ぎむ》又は擔保は十五个年の後止む

(理)失踪者《しつそしや》に属《ぞく》する財産《ざいさん》の占有《せんいう》に付ては總て相續に關する規定を適用するべきものなり
此占有を得たる者は第三者即ち失踪者以外の者に對しては財産の所有者とするなり
然れども占有者《せんいうしや》は推定相續人を除《のぞ》く外財産返還《へんくわん》の擔保《たんほ》として裁判所

即時 スグ

か相當と認むる保証人《ほしようにん》其他の擔保《たんほ》を立つ可きなり其保証人の義務又は擔保は十五个年の後止むものなり

第二百八十二條　失踪者《しつそうしや》の現出《げんしゆつ》し又は音信《いんしん》ありたるときは失踪宣言の效力《かうりよく》は即時《そくじ》に止《や》む

失踪者は其財産を現狀《げんじやう》の儘《まゝ》にて取回《とりまは》し又占有者の處《しよ》分《ぶん》に因りて不當《ふたう》に利得《りとく》しゐるものを取戻《とりもど》すことを得

註 失踪者《しつそうしや》の現出し又は音信《いんしん》ありたるときは失踪宣言の効力は即時に止むものなり

失踪者は其財産《ざいさん》を現狀《げんじやう》の儘《まゝ》にて取回し又占有者の處分《しよぶん》に因りて不當に利得したるものを取戻《とりもど》すことを得るなり

第二百八十三條　果實《くわじつ》に付ては失踪者《しつそうしや》か其《その》亡失《ばうしつ》又は最《さい》後《ご》音信《いんしん》の日より十个年内に現出するときは其五分の一を取戻《とりもど》すことを得十个年後は其全部《ぜんぶ》を失ふ

註 果實《くわじつ》に付ては失踪者《しつそうしや》か其亡失又は最後音信《さいごいんしん》の日より十个年內に現出するときは其五分の一を取戾すことを得るなり十个年後は其全部を失ふものとす

第二百八十四條　失踪者の相續順位《さうぞくじゆんい》に在る者他の者か財產占有を得たる日より三十个年間其財產の返還《へんくわん》を請求することを得

此場合に於ても果實《くわじつ》は前條の規定《きてい》に從ひて之を取戾《とりもど》すことを得

註 失踪者《しつそうしや》の相續順位に在る者は他の者か財產占有を得たる日より三十个年間其財產の返還《へんかん》を請求することを得るなり

此場合に於ても果實《くわじつ》は前條の規定に從ひて之を取戾《とりもど》すことを得るなり

第四節　失踪の推定《すいてい》及ひ宣言《せんげん》に關《くわん》する通則《つうそく》

確實《タシカ》

第二百八十五條　失踪して生存《せいぞん》の確實《かくじつ》ならさる人に歸《き》す可き權利《けんり》を請求《せいきう》する者は其人か權利の發生《はつせい》せし日に生存したるを證することを要す此擧證《きやうしよう》を爲さゝる間は其請求を受理《じゆり》せす

㊟失踪して生存《せいぞん》の確實《かくじつ》ならさる人に歸すへき權利《けんり》を請求せる者は其人か權利乃發生《はつせい》せし日ヨ生存ゑたるを証することを要《えう》するなり此擧証を爲さゝる間は其請求《せいきう》を受理せさるものとす

第二百八十六條　失踪して生存《せいぞん》の確實《かくじつ》ならさる人ヨ歸《き》す可き相續ヱ次順位《じじゆんい》の者に屬《ぞく》す

失踪者に歸《き》す可き財產を相續する者は財產目錄《ざいさんもくろく》を調《てう》製《せい》す可し

㊟失踪して生存《せいぞん》の確實《かくじつ》ならさる人に歸すへき相續ハ次順位の者に屬するなり

消滅キヘル

放置ハナレヲク

失踪者に歸すへき財産《ざいさん》を相續《さうぞく》する者は財産目錄を調製《てうせい》すへきなり

第二百八十七條　前二條の規定《きてい》は失踪者又は其相續人及ひ承繼人《しようけいにん》に屬《ぞく》する相續の請求其他の權利《けんり》を行ふを妨くること無し此等《これら》の權利《けんり》は普通《ふつう》の時效《じかう》に因るに非されは消滅《せうめつ》せす

註前二條の規定《きてい》は失踪者又は其相續人及ひ承繼人《しようけいにんぞく》に屬する相續の請求其他の權利を行ふを妨《さまた》くることなきなり此等の權利は普通の時効に因るにあらされは消滅《せうめつ》せさるものとす

第五節　不《ふ》在者《ざいしや》に關《くわん》する規則《きそく》

第二百八十八條　生存《せいぞん》の確實《かくじつ》なる人か住所《じゆうしよ》若くは居所《きよしよ》を去りて其財産を管理《くわんり》する者あらさるとき又は裁判所か未た失踪を推定《すいてい》せさるときは本人の不在の爲め其財産の放置《はうち》せらるるとき又は失踪の推定中《すいていちう》若くは宣言《せんげん》

記載　カキノセル

後《ど》に失踪者の生存の確實《かくじつ》と爲りたるときは區裁判所は利害關係人《りがいくわんけいにん》又は撿事の請求に因りて必要《ひつえう》の保存處《ほぞんしよ》分《ぶん》を命することを得

㊟生存の確實《かくじつ》なる人の住所若くは居所を去りて其財産を管理する者あらさるとき又は裁判所か未た失踪《しつそ》を推定《すいてい》せさるも本人の不在の爲め其財産の放置せらるゝとき又は失踪の推定中若くは宣言後に失踪者の生存の確實と爲りたるときは區裁判所は利害關係人《りがいくわんけいにん》又は撿事の請求に因りて必要《ひつえう》の保存處分《ほぞんしよぶん》を命《めい》することを得るなり

第十六章　身分《みぶん》に關《くわん》する證書《しようしよ》

㊟本章凡《すべ》て五條身分に關する証書のことを定めたるものなり

第二百八十九條　出生《しゆつせい》、婚姻《こんいん》、養子《やうし》緣組《えんぐみ》、死亡《しばう》其他各人の身分に關《くわん》する事件《じけん》は身分取扱吏の主管《しゆくわん》する帳簿《ちやうぼ》に之を記載《きさい》す可し

公証正書公吏ノ作リタル証書
違法キソクニソムク
設備ソナヘ
毀損コワレソンスル
錯誤アヤマリ
脱漏モレヌケテヲルコト
過失アヤマツ

(註)出生《しゆつせい》、婚姻《こんいん》、養子《やうし》縁組《えんぐみ》、死亡《しばう》其他各人の身分に關する事件は身分取扱吏の主管《しゆくわん》する帳簿《ちやうぼ》に之を記載《きさい》すべきものなり

第二百九十條　帳簿《ちやうぼ》に記載《きさい》したる證書は公正證書《こうせいしようしよ》の證《しよう》據《こ》力《りよく》を有す但《たゞし》違法《はう》の記載《きさい》は效力《かうりよ》なし
合式の謄本《たうほん》は證書と同一の效力《かうりよく》を有す

(註)帳簿《ちやうぼ》に記載《きさい》したる証書《しようしよ》は公正証書と同一なる証據力《しようこりよく》を有するものなり但違法《ゐはう》の記載ハ其効力なきものとす
合式の謄本《たうほん》は証書と同一の効力を有するものなり

第二百九十一條　帳簿《ちやうぼ》の設備《せつび》なく若くは中絶《ちうぜつ》したるとき又は其全部《ぜんぶ》若くは一分の毀損《きそん》し亡滅《ばうめつ》したるとき又は其記載上甚しき違式《ゐしき》、錯誤《さくご》若くは脱漏《だつろう》ありて信用を置く可からさるとき又は身分取扱吏の詐欺《さぎ》若くは過《くわ》失《しつ》に因りて證書を作らさりしときは證人又は私の書《しよ》

類《るい》を以て先つ其事實《じじつ》を證し且身分上の事件《じけん》を證することを得

註 帳簿の設備《せつび》なく若くは中絶したるとき又は其全部若くは一分の毀損し亡滅《ぼうめつ》したるとき又ハ其記載上甚しき違式《ゐしき》、錯誤《さくご》若くは脱漏ありて信用《しんよう》を置《お》くへあらさるとき又は身分取扱吏の詐欺《さぎ》若くは過失に因りて證書を作らさりしときは証人又は私の書類《しよるい》を以て先つ其事實《じじつ》を証し且身分上の事件を証することを得るなり

第二百九十二條　證書の訂正《ていせい》は裁判を以てするに非されは之を爲すことを得す

註 証書《しようしよ》の訂正《ていせい》は裁判を以てするにあらされは之を爲もことを得さるものとす

第二百九十三條　帳簿《ちやうぼ》の調製《てうせい》、證書の記載《きさい》、屆出の手續其他の事項《じかう》は特別法《とくべつはふ》を以て之を規定《きてい》す

訂正 アヤマリヲタダス

註 帳簿の調製《てうせい》証書の記載、届出《とゞけいで》の手續《てつゞき》其他の事項は特別法《とくべつはふ》を以て之を規定《きてい》するものとす

民法人事編註釋終

法學士　柳嵜欽吾
山田正賢　同著

法例註釋

大阪
圖書出版會社發兌

遵守《マモ》ル

法例《はふれい》註釋《ちうしやく》

法例　　法律第九十七號

柿崎欽吾
山田正賢　共著

註 法例《はふれい》は民法中《みんはふおう》の一部《ぶ》にあらす又刑法中《けいはふおう》の一部にもあらす凡《すべ》ての法《はふ》律《りつ》に關《くわん》する規則《きそく》を定《さだ》めたるものなり

第一條　法律《はふりつ》は公布《こうふ》ありたる日より滿二十日の後《のち》は之を遵守《じゆんしゆ》す可《べ》きものとす但法律ヿ特《とく》別《べつ》の規定《きてい》あるものは此限《このげん》ヿ在らす

註 法律《はふりつ》は公布《こうふ》ありたる日より滿《まん》二十日の後は之を遵守《じゆんしゆ》すへきものなり若《も》し此の期間《きかん》を定《さだ》むることなく公布と同時《どうじ》に遵守すへきものとせは人民の了知する暇まなく爲めに害《がひ》を受《う》くるヿ至るへし之れ本條《ほんでう》に滿二十日の後と定めさる所以《ゆゑん》なり

然《しか》れとも法律に特別《とくべつ》の規定《きてい》あるものは此限《このげん》にあらさるなり例令《たとへ》は法《はふ》

既往スギサリシマヘ

例《れい》、民法《みんぽふ》は明治二十六年一月一日より施行《しかう》すへきものと特《とく》に定むるか如き刑事訴訟法《けいじそしようはふ》は明治二十三年十一月一日より施行すへきものと特に定《さだ》むるか如し此《こ》の場合《ばあい》に於ては公布《こうふ》の日より二十日間を經過《けいくわ》するも其特《そのとく》に定めたる日到着《たうちやく》せされは遵守《じゆんしゆ》の義務《ぎむ》なきものとす

第二條　法律《はふりつ》は既往《きわう》に遡《さかのぼ》る效力《かうりよく》を有《いう》せず

註 法律《はふりつ》は既往《きあう》に遡《さかのぼ》る効力《かうりよく》を有《いう》せさるなり例へは今日法律《こんにちはふりつ》を公布《こうふ》して明日の所爲にも此法律を適用《てきよう》すると云ふとは出來ぬなり之れ原則なれとも例外《れいぐわい》なきにあらす刑事訴訟法《けいじそしようはふ》の既往に遡るか如き刑法第三條第二項により既往《きあう》に遡《さかのぼ》るか如き即ち然《しか》り

既往《きあう》に遡《さかのぼ》る能《あた》はさる所以《ゆゑん》は何《なん》ぞや一般學者《いつぱんがくしや》は既得權《きとくけん》を害《がい》するか故《ゆゑ》なりと謂《い》へり

既往《きあう》に遡《さかのぼ》る能《あた》はさるは原則《げんそく》なるや一般學者《ぱんがくしや》は然りと云へり

余は此條の下に於て論議《ろんぎ》すへき事數多《ことあまた》あれとも學理《がくり》を研究《けんきう》するを以

關係カ、ハリ

て本書《ほんしよ》の目的《もくてき》とするものゝあらされは今敢《いまあへ》て略《りやく》す若《も》し余《よ》の持説《じせつ》を知らんとせは余(山田)か著刑法析義第一巻二百五十五ペーヂ以下を見るべし

第三條　人《ひと》の身分《みぶん》及ひ能力《のうりよく》は其本國法《そのほんごくはふ》に從《したが》ふ

親屬《しんぞく》の關係《くわんけい》及ひ其關係より生する權利義務《けんりぎむ》に付ても亦同《おな》し

㊟人《ひと》の身分《みぶん》、能力《のうりよく》、親屬《しんぞく》の關係《くわんけい》及ひ其關係より生せる權利義務《けんりぎむ》に付ては其本國法《そのほんごくはふ》に從《したが》ふへきものなり故に日本人外國《ぐわいこく》にあるときと雖も此等《これら》の事《こと》に付ては日本國の法律に服從《ふくじゆう》すへきものとす

第四條　動產《どうさん》、不動產《ふどうさん》は其所在地《そのしよざいち》の法律《はふりつ》に從《したが》ふ

然れとも相續《さうぞく》及ひ遺贈《いぞう》に付ては被相續人《ひさうぞくにん》及ひ遺贈者《いぞうしや》の本國法に從《したが》ふ

㊟動產《どうさん》、不動產《ふどうさん》は其所在地《そのしよざいち》の法律《はふりつ》に從《したが》ふへく相續及ひ遺贈《いぞう》に付ては

合意《ヤクソク》
當事者《ヤクソクスルトウニン》
關係《カヽハリ》
合意ノ成立ニ

被相續人《ひさうぞくにん》及ひ遺贈者《いぞうしや》の本國法ニ從ふへきなり

第五條　外國《ぐわいこく》に於て爲したる合意《がうい》に付ては當事者《たうじしや》の明《めい》示《し》又は默示《もくし》の意思《いし》に從《したが》ひて何《いづ》れの國《くに》の法律《はふりつ》を適用《てきよう》を可きやを定む

當事者の意思《いし》分明《ぶんめい》ならさる場合《ばあひ》に於ては同國人なるときは其本國法を適用《てきよう》し又同國人《どうこくにん》に非さるときは事《じ》實上《じつじやう》合意《がうい》に最大《さいだい》の關係《くわんけい》を有する地の法律《はふりつ》を適用す

㊟外國《ぐわいこく》に於て爲したる合意《がふい》に付ては當事者《たうじしや》の明示《めいし》又は默示《もくし》の意思《いし》に從ひて何《いづ》れの國《くに》の法律を適用《てきよう》をへきやを定《さだ》むへきなり
當事者《たうじしや》の意思《いし》分明《ぶんめい》ならさる場合《ばあひ》に於ては同國人なるときは其本國法を適用《てきよう》し又同國人《どうこくじん》ニあらさるときは事實上《じじつじやう》合意《がふい》に最大《さいだい》の關係《くわんけい》を有《いう》する他の法律《はふりつ》を適用《てきよう》すへきなり

第六條　外國人《ぐわいこくじん》か日本に於て日本人と合意《がふい》を爲すとき

最モ有益ナル云々　外國法ニ從ヘハ合意ノ能力ナク日本法ニ從ヘハ合意スルノ能力アリト云フカ如キ場合ニハ日本法ニ從フベキナリ

は外國人の能力《のうりよく》に付ては其《その》本《ほん》國《とく》法《はふ》と日本法との中にて合意の成立《せいりつ》に最《もつと》も有益《いうゑき》なる法律《はふりつ》を適用《てきよう》す

註外國人《ぐわいこくにん》か日本に於て日本人と合意《がふい》を爲すときは外國人の能力《のうりよく》に付ては其本國法《ほんとくはふ》と日本法との中にて合意の成立に最も有益《いうゑき》ある法律《はふりつ》を適用《てきよう》すへきなり

第七條　不當《ふたう》の利得《りとく》、不正《ふせい》の損害《そんがい》及ひ法律上の管理《くわんり》は其《その》原因《げんいん》の生したる地の法律《はふりつ》に從《したが》ふ

註不當《ふたふ》の利得《りとく》、不正《ふせい》の損害《そんがい》及ひ法律上の管理《くわんり》は其原因《げんいん》の生したる地の法律に從ふへきなり

第八條　本國法《ほんとくはふ》を適用《てきよう》す可き諸般《しよけん》の場合《ばあひ》に於て何れの國民《とくみん》分限《ぶんげん》をも有せさる者又は地方《ちはう》に依《よ》り法律を異《こと》にする國の人民は其住所《じゆうしよ》の法律に從ふ若し住所知れさるときは其居所《いどころ》の法律《はふりつ》に從ふ

日本人と外國人との分限《ぶんげん》を有する者は日本法律に從《したが》ひ又二箇以上の外國國民分限を有する者は最後《さいと》に之を取得《しゆとく》したる國の法律《はふりつ》に從ふ

㊟本國法《ほんこくはふ》を適用《てきよう》すへき諸般《しよはん》の塲合《ばあひ》に於て何れの國民分限をも有せさる者又は地方に依《よ》り法律《はふりつ》を異《とと》にする國の人民は其住所の法律に從ふへく若《も》し住所《じゆうしよ》知れさるときは其居所の法律《はふりつ》に從ふへきなり日本人と外國人《ぐわいこくにん》との分限《ぶんげん》を有する者は日本法律《にほんはふりつ》に從ひ又二箇《と》以上の外國々民分限《ぶんげん》を有せる者は最後《さいこ》に之を取得《しゆとく》したる國の法律に從ふへきものなり

公正證書
公正人ノ作リタル証書私署証書ハ之レトナス

第九條　公正証書《こうせいしようしよ》及ひ私署証書《ししよしようしよ》の方式《はうしき》は之を作《つく》る國の法律に從ふ但一人又は同國人なる數人《すうにん》の作る署私証書に付ては其本國法《ほんこくはふ》に從ふことを得

㊟公正證書《こうせいしようしよ》及ひ私署證書《ししよしようしよ》の方式《はうしき》は之を作《つく》る國の法律に從ふへきなり

要式ノ合意　例ヘハ遺贈ノ如キ

移轉《ウツ》ス

撿認《ミト》メル

尤《もつと》も一人又は同國人なる數人《すうにん》の作る私署《ししよ》證書に付ては其本國法に從ふことを得るなり

第十條　要式《ようしき》の合意《がうい》又は行爲《かうい》と雖も之を爲す國の方式《はうしき》に從ふときは方式上有效《いうかう》とす但故意《こい》を以て日本法律を脱したるときは此限に在らず

註 要式《ようしき》の合意《がふい》又は行爲《かうい》と雖も之を爲す國の方式《はうしき》に從ふときは方式上有效《いうかう》とするなり但故意《こい》を以て日本法律を脱《だつ》したるときは此限《このけん》にあらすとす

第十一條　外國《ぐわいこく》に於て其國の方式《はうしき》に依《よ》りて作《つく》りたる證書《しようしよ》は不動産物權《ふどうさんぶつけん》を移轉《いてん》する行爲に係《かゝ》るときは其不動産所在地《しよざいち》の地方裁判所長又他の行爲《かうい》に係るときは當事者《たうじしや》の住所《ぢうしよ》又は居所の地方裁判所長其證書の適法《てきはふ》なることを撿認《けんにん》しある上に非されは日本に於て其效用《かうよう》

設定《モウケル》

を致《いた》さしむることを得す

(註)外國《ぐわいこく》に於て其國《そのくに》の方式《はうしき》に依《よ》りて作りたる證書《しようしよ》は不動産物權《ふどうさんぶつけん》を移轉《いてん》する行爲に係《かゝ》るときは其不動産《ふどうさん》所在地の地方裁判所長又他の行爲に係るときは當事者《たうじしや》の住所又は居所《いどころ》の地方裁判所長其證書の適法《てきはふ》なることを撿認《けんにん》したる上にあらされは日本に於て其効用を致さしむるを得さるなり

第十二條　第三者の利益《りえき》の爲めに設定《せつてい》する公示《こうし》の方式《はうしき》は不動産《ふどうさん》に係《かゝ》るときは其所在地の法律、他の場合《ばあひ》に於ては其原因《げんいん》の生したる國の法律《はふりつ》に從ふ

(註)第三者の利益《りえき》の爲めに設定《せつてい》する公示乃方式《はうしき》は不動産《ふどうさん》に係《かゝ》るときは其所在地《そのしよざいち》の法律《はふりつ》、他の場合《ばあひ》に於ては其原因《げんいん》の生したれ國の法律に從ふべきなり

第十三條　訴訟手續《そしようてつゞき》は其訴訟を爲す國の法律《はふりつ》に從ふ

裁判及ひ合意《がふい》の執行《しつかう》方法《はうはふ》は其執行を爲す國の法律に從ふ

㊟訴訟手續《そしようてつゞき》は其訴訟を爲す國《くに》の法律《はうりつ》に從ふへきものなり

裁判及ひ合意《がふい》の執行方法《しつかうはう》は其執行を爲す國の法律《はうりつ》に從ふへきなり

第十四條　刑罰《けいばつ》法《はう》其他公法の事項《じかう》に關《くわん》し及ひ公の秩序《ちつじよ》又は善良《ぜんりやう》の風俗《ふうぞく》に關するときは行爲の地、當事者《たうじしや》の國民分限及ひ財產《ざいさん》の性質《せいしつ》の如何《いかん》を問《と》はす日本法律を適《てき》用《よう》す

㊟刑罰法《けいばつはう》其他公法《こうはう》の事項《じこう》に關《くわん》し及ひ公の秩序《ちつじよ》又は善良《ぜんりやう》の風俗《ふうぞく》に關《くわん》するときは行爲の地、當事者《たうじしや》の國民分限《こくみんぶんげん》及ひ財產《ざいさん》の性質《せいしつ》の如何《いかん》を問《と》はす日本法律《はうりつ》を適用《てきよう》すへきものなり然らされは一國の秩序安寧《ちつじよあんねい》を維持《いじ》すること能はさるによる

第十五條　公《おほやけ》の秩《ちつ》序《じよ》又は善良の風《ふう》俗《ぞく》に關する法律に牴《てい》觸《しよく》し又は其適《てき》用《よう》を免《まぬ》かれんとする合《がう》意《い》又は行《かう》爲《い》は不《ふ》成《せい》立《りつ》とす

註 公の秩序又は善良の風俗に關する法律に抵觸し又は其適用を免かれんとする合意及ひ行爲は不成立とするなり

第十六條　身《み》分《ぶん》又は能《のう》力《りよく》を規《き》定《てい》する法律を免かるゝ合《がふ》意《い》又は行《かう》爲《い》は無《む》效《かう》とす

註 身分又は能力を規定する法律を免かる、合意又は行爲は無効とするなり

第十七條　判《はん》事《じ》は法律に不《ふ》明《めい》、不《ふ》備《び》又は欠《けつ》缺《けつ》あるを口實として裁《さい》判《ばん》を爲すを拒《きよ》絶《ぜつ》することを得す

註 判事は法律に不明、不備又は欠缺あるを口實として裁判を爲すことを拒絶することを得さるものとす

民法法例終

抵觸　フルヽ
規定　サダメ
不明　アキラカナラス
不備　ソナハラス
欠缺　カケテヲル
口實　イヒグサ
拒絶　コバム

附録

増價競賣法
裁判上代位法
財產委棄法
非訟事件手續法

全

競賣　セリウリ
要求　モトムル

附錄《ふろく》

○增價競賣法《ぞうかけふばいはふ》

法律第九十二號
二十三年十月三日

第一條　民法債權擔保《みんはうさいけんたんほ》篇《へん》第二百六十五條に從ひて抵當財産《ていとうざいさん》の增價競賣を要求《ようきう》する債權者は第三所持者《しよじしや》及ひ前所有者《ぜんしよいうしや》に競賣の要求書を送達《そうたつ》したるより三日內に抵當財産所在地の區裁判所に競賣の申立を爲し且《かつ》保証《ほしよう》人《にん》又は擔保の認許《にんきよ》を求む可し

前項《ぜんこう》の手續《てつゞき》を爲さゝるときは競賣の要求は當然無効《とうせんむとう》なりとす

(註)民法債權擔保篇《みんはふさいけんたんほへん》第二百六十五條に從ひて抵當財産の增價競賣をもとむる債權者《さいけんしや》は第三所持者《しよぢしや》及ひ前所有者に競賣の要求書《ようきうしよ》を送達したるより三日內に抵當財産所在地《ていとうざいさんしよざいち》の區裁判所に競賣《けふばい》の申立を爲し且保証人又擔保《たんほ》の認可《にんか》を求むへきなり若し此手續《このてつゞき》を爲さゝるときは競賣の要求《ようきよう》は當然《とうぜん》効なきものとす

第二條　競賣の申立《もうしたて》には民事訴訟法《みんじそしようはふ》第六百四十二條第一號及ひ第二號に揭くる諸件《しよけん》の外第三所持者及ひ前所有者の表示《ひやうし》、擔保《たんほ》の表示、第三所《しよ》

提供　サシイダス
具備　ソナハル
添附　ソヘル
參加　クハヽル
利害關係人　リカイノカヽハリアルヒト
第三所持者　債務者ニモ債權者ニモアラヌ他ノ者カ其物品ヲ所持シテヲルトキハ之ヲ第三所持者ト云フ

持者の提供《ていきよう》しさる金額《きんがく》及ひ要求者の定めたる増額《ぞうがく》を具備《ぐび》し且民事訴訟法第六百四十三條第三號乃至第五號の證書《しようしよ》を添附《てんぷ》することを要す

第三條　裁判所《さいばんしよ》は期日《きじつ》を定めて要求者、第三所持者及ひ前所有者《ぜんしよゆうしや》を呼出し擔保《たんほ》の許否《きよひ》に付ての決定《けつてい》を為す可し否認《ひにん》の決定ありたるときは競賣《きやうばい》の要求は當然無効《とうぜんむこう》なりとす但競賣の要求を為す權利《けんり》ある他の債權者《さいけんしや》か要求に參加《さんか》するの申立を為し又は期間《きかん》に自ら要求《ようきゆう》を為したるときは右決定《みぎけつてい》を知りたるより三日內に更《さら》に第一條の手續《てつゞき》を為すことを妨けす

第四條　左に掲くる者を増價競賣手續《ぞうがくきやうばいてつゞき》に於ての利害關係人《りかいかんけいにん》とす
第一　競賣要求者《きやうばいようきゆうしや》
第二　債務者《さいむしや》
第三　第三所持者《しよじしや》
第四　抵當債權者《ていとうさいけんしや》
第五　抵當財產《ていとうざいさん》の前所有者か債務《さいむ》者に非さるときは其前所有者

第五條　裁判所は要求者の供したる擔保《たんほ》を十分なりとするときは競賣《きやうばい》手

具備　ソナハル
競落　セリヲトシ

續《つゞき》の開始《かいし》決定《けつてい》を爲し同時《どうじ》に競賣期日《きじつ》及ひ競落期日を定めて公告《こうこく》す可し

第六條　競賣期日《けうばいきじつ》の公告には民事訴訟法第六百五十八條第一號乃至第三號、第五號、第七號乃至第十號に掲くる諸件《しよけん》の外増價競賣の要求《ようきう》に因り競賣を爲す旨及ひ最低《さいてい》競賣價額として提供《ていきやう》價額に附したる増價を具備《ぐび》することを要す

此他《このた》競賣及ひ競落の手續《てつゞき》に付ては民事訴訟法第六百五十九條乃至第六百六十一條、第六百六十三條乃至第六百六十九條、第六百七十一條、第六百七十二條第二號及ひ第四號乃至第八號、第六百七十三條、第六百七十四條、第六百七十六條乃至第六百八十七條の規定《きてい》を準用《ぢゆんよう》す

第七條　競賣期日《けうばいきじつ》に於て許可き競買價額の申出なきときは裁判所は要求者を競落人《けうらくにん》なりと言渡す可し

第八條　競落人《けうらくにん》なりと言渡《いひわた》されたる者か要求者《ようきうしや》なると否とを問はす競落代價の全額支拂《ぜんがくしはら》に至るまては要求者の供したる擔保《たんぽ》は負擔《ふたん》を免るゝこと無し

第九條　裁判所《さいばんしよ》は要求者《ようきうしや》の申立あるときは競賣《けうばい》に換へて入札拂《にうさつはらひ》を命す

要求《モトムル》

可し

前項《ぜんこう》の場合に於ては民事訴訟法第七百二條但書及ひ第七百三條乃至第七百五條の規定《きてい》を適用《てきよう》す

第十條　増價競賣《ぞうかくけふばい》に依る競落《けふらく》に對しては更に増價競賣の要求を爲すことを許さす

㊟増價せりうりによる競落に對してなほ高價《かうか》に賣らんとて更《さら》に競賣《けふばい》のもとめを爲すことを得さるものなり

催告《サイソク》スルコト
具備《ソナハル》
審訊《シラベル》

裁《さい》判《はん》上《じやう》代《だい》位《い》法《けふ》

○裁《さい》判《ばん》上《じやう》代《だい》位《い》法《はふ》

法律第九十三號
二十三年十月三日

第一條　民法財産編第三百三十九條の規定《きてい》に從《したが》ひて債務者《さいむしや》に屬《ぞく》する訴權《そけん》を行はんとする債權者は先つ債務者《さいむしや》に其行使《そのかうし》を合式《とうしき》に催告《さいそく》することを要す

第二條　債務者前條の催告《さいそく》より七日内に被告《ひこく》と爲る可き第三者に對して訴を提起《ていき》せさるときは債權者《さいけんしや》は債務者《さいむしや》の住所地《じゆうしよち》の裁判所に代位《だいゐ》乃申請《しんせい》を爲すことを得但催告書の謄本《とうほん》を差出《さしだ》も可し

第三條　代位の申請には左の諸件の具備せることを要す

第一　債權者、債務者、被告《ひこく》と爲るへき第三者及ひ裁判所の表示

第二　代位《だいゐ》申請《しんせい》の原因《げんいん》たる債權《さいけん》の表示《ひやうし》

第三　訴訟物《そしやうぶつ》の表示《ひやうし》

第四條　裁判所は申請《しんせい》に付き債務者《さいむしや》を審訊《しんじゆん》せすして決定《けつてい》を爲すことを得

右申請の決定に對しても即時《そくじ》抗告《かうこく》を爲すことを得

過失アヤマツ
陳述ノベル

財《さい》産《さん》委《い》棄《き》法《は》

○財産委棄法《ざいさんいきはう》

法律第九十四號
二十三年十月三日

第一條　無資力《むしりよく》なる債務者《さいむしや》にして惡意の証なき者は動産《どうさん》又は不動産《ふどうさん》の差押《さしおさへ》を受けたるも競賣《けふばい》に至るまては無資力の原因《げんいん》たる不幸《ふこう》の事情《じじよう》又は管理《かんり》の過失《かしつ》を陳述《ちんじつ》して債權者に對し自己《じこ》の財産《ざいさん》の委棄《いき》を其住所地《そのぢゆうしよち》の裁判所に請求《せいきゆう》することを得

債務者は總債權者の氏名《しめい》及ひ分限《ぶんげん》と各債權者《かくさいけんしや》の債權の元本《げんぽん》及ひ利息《りそく》とを右請求に附記《ふき》することを要す

第二條　財産《ざいさん》の委棄《いき》は協議契約《きやうぎけいやく》に關《くわん》する商法に規定《きてい》したる方式《はうしき》及ひ條件に從ひて債權者の承諾《しようだく》を受くることを要す

第三條　債權者の承諾したる財産《ざいさん》の委棄《いき》は裁判所の認可《にんか》を受《う》くることを要す

此他《このた》財産《ざいさん》の委棄《いき》に付ては家資分散《かしぶんさん》に關する法律の適用《てきよう》を妨《さまた》けず

非《ひ》訟《しよう》事《じ》件《けん》手《て》續法《つゞきはふ》

○非《ひ》訟《しよう》事《じ》件《けん》手《て》續法《つゞきはう》

法律第九十五號
二十三年十月三日

第一章《しよう》 認可《にんか》及ひ許可《きよか》の申請手續《しんせいてつゞき》

第一條　民法《みんはふ》の規定《きてい》に從ひ區《く》裁判所《さいばんしよ》の認可《にんか》又ハ許可《きよか》を求むる申請《しんせい》ハ書面《しよめん》又は口頭《とうとう》を以て之を爲すことを得

㊟民法《みんはう》の定めに從ひ區裁判所の認可又は許可を求むる申請は書面又は口頭を以てすることを得るなり

第二條　前條の申請《しんせい》に付てハ裁判所は事情《じじよう》に從ひ利害關係人《りがいかんけいにん》の出頭《しつとう》又は當事者《とうじしや》の自身《じしん》出頭を命し公開《こうかい》せさる法廷《はうてい》に於て審訊《しんじん》することを得

㊟前條の申請に付ては裁判所は事情により利害《りがい》の關係ある者の出頭又は當人《とうにん》の自身出頭を命じ傍聽を禁ずる法廷《はうてい》に於て訊《たつ》ね問《と》ふことを得るなり

第三條　申請《しんせい》に付ての決定《けつてい》に對しては民事《みんじ》訴訟法《そしようはう》の規定《きてい》に從ひ即時《そくじ》抗告《こうこく》を爲すことを得

口頭　口デイフコト

利害關係人　リガイノカヽハリアルヒト

添付 ソヘル

併合 アハセ ガツスル

註 申請に付ての決定《けつてい》に對しては民事訴訟法の定むる所に從ひすぐ故《こ》障《しやう》を申立ることを得るなり

第二章　失踪事件《しつそうじけん》に關《くわん》する請求手續《せいきうてつゞき》

第四條　失踪の推定《すいてい》、宣言《せんげん》又は財產占有其他《ざいさんせんいうそのた》の請求《せいきう》は書面《しよめん》又は口頭《こうとう》を以て之を爲すことを得

請求《せいきう》には其理由《そのりゆう》とする事實《じじつ》を表示《へうじ》し且證據書類《かつしようこしよるい》あるときは之を添付《てんぷ》す可し

註 失踪《しつそ》の推定《すいてい》、宣言《せんげん》又は財產占有其他《さいさんせんゆうそのた》の請求は書面《しよめん》又は口頭《こうとう》を以て之を爲すことを得るなり

請求《せいきう》には其理由《そのりゆう》とすることがらを明示《めいし》し且其證據《かつそのしようこ》となるべき書類《しよるい》あるときは之を添ゆへきものなり

第五條　前條各種《ぜんじやうかくしゆ》の請求は之を併合《へいがう》することを得

註 前條に定めたることは之を併合して請求することを得るなり

第六條　失踪の推定《すいてい》又は宣言《せんげん》の請求に付ては前二條の外尙ほ左の手續《てつゞき》に從ふ

調査《シラベル》

掲示《カヽゲル》

裁判所《さいばんしよ》は請求に表示したる事實《じじつ》を調査《ちやうさ》し職權《しよくけん》を以て失踪《しつそう》の推定《すいてい》又は宣《せん》言《げん》を爲すへきや否やを定むる爲め證人訊問《じんもん》を命す可し

證人の訊問《じんもん》及ひ宣誓《せんせい》に付ては忌避《きひ》の規則《きそく》を除く外民事訴訟法第二篇第一章第三節の規定《きてい》を適用す

(註)失踪の推定又は宣言の請求に付ては前二條の外尙ほ左の手續に從ふへきものなり

裁判所《さいはんしよ》は請求に表示《ひやうし》されたる事實《じじつ》を調査《ちやうさ》し職權《しよくけん》を以て失踪の推定又は宣言《せんげん》を爲すへきや否やを定むる爲め證人訊問《しようにんじんもん》を命す可きなり

證人の訊問《じんもん》及ひ宣誓《せんせい》に付ては民事訴訟法第二編第一章第六節の規定を適用すへきものなり但忌避《きい》の規則《きそく》は適用《てきよう》せさるものとす

第七條　檢事は證人訊問に立會し決定前に其意見《そのいけん》を陳述《ちんじゆつ》す可し

第八條　失踪の推定又は宣言を言渡す決定《けつてい》は裁判所の掲示板《けいしばん》に掲示《けいし》し且官報《くわんぽう》又は公報《こうほう》に掲載《けいさい》して之を公示す可し

此決定《このけつてい》に對しては請求者又は檢事より民事訴訟法の規定に從ひ卽時抗《そくじかう》告《こく》を爲すことを得失踪者《しつそうしや》の定置《さだめおき》たる總理代理人《そうりだいりにん》も亦同し

完了《マツタクチハル》

閲覧《ミル》

第九條　失踪事件《しつそうじけん》の請求《せいきゆう》に關《かん》する費用《ひよう》は其推定《そのすいてい》又は宣言を言渡《いゝわた》したるときは本人の財産を以て之を支辨し若し之を言渡さゝるときは請求者之を負擔《ふたん》す但檢事請求《けんじせいきゆう》を爲したるときは本人の負擔《ふたん》とす

第三章《しやう》　相續《そうぞく》の限定受諾《げんていじゆだく》に關《かん》する手續《てつゞき》

第十條　限定受諾者《げんていじゆだくしや》は適法《てきほう》の期《き》間内《かんない》に相續財産拂盡《そうぞくざいさんはらひつくし》の計算《けいさん》を完了《かんりよう》し其計《けい》算書《さんしよ》を相續地《そうぞくち》の區裁判所《くさいばんしよ》に差出《さしいだ》す可し

(註)限定受諾者は適法の期間内に相續財産拂盡《そうぞくざいさんはらひつくし》の計算を完了《かんりよう》し其計算《そのけいさん》書《しよ》を相續地の區裁判所に差出すへきものなり限定受諾者《げんていじゆだくしや》とは限定相續《げんていそうぞく》を受諾したるものを謂ふ限定相續とは相續人か相續財産《そうぞくざいさん》の限度《げんど》まてに非されは債務《さいむ》の辨償《へんしよう》の責に任せさるを謂ふ

第十一條　利害關係人《りがいかんけいにん》は自己《じこ》の費用《ひやう》を以て區裁判所に計算書《けいさんしよ》の閲覧《えつらん》及ひ其謄本《そのとうほん》の下付を求むることを得

第十二條　法律上《はふりつじよう》又は裁判上《さいばんじやう》相續財産《そうぞくざいさん》を管理《かんり》する者は限定受諾者《げんていじうだくしや》と同しく計算完了《けいさんかんりよう》の責に任す

領收《ウケヲサメル》

具備《ソナハル》

第四章　國《くに》ニ屬《ぞく》する相續財產領收《そうぞくざいさんりやうしゆう》の手續《てつゞき》

第十三條　相續人《そうぞくにん》あらさる財產あるときは相續地《そうぞくち》の地方行政官廳《ちはうぎやうせいくわんてふ》は財產所在地の區裁判所に其引渡を請求す可し

第十四條　財產引渡《ざいさんひきわたし》の請求を受けたる裁判所は事實《じじつ》を調查《ちやうさ》し其請求《そのせいきう》を公示《こうじ》す可し

第十五條　公示《こうし》は右の諸件《しよけん》を具備《ぐび》し請求を受けたる區裁判所の掲示板に掲示し且官報《かつくわんぽう》又は公報《こうほう》に掲載《けいさい》して之を爲す可し

第一　被《ひ》相續人《そうぞくにん》の氏《し》名職業住所《めいしよくぎやうじゆうしよ》、居所《きよしよ》及ひ死亡《しばう》の年月日

第二　財產引渡《ざいさんひきわたし》の請求の要領《ようりよう》

第十六條　民法《みんぱう》の規定《きてい》ニ從ひ相續權を有する者は公示の日より六个月內に行政官廳《ぎやうせいくわんてふ》の請求に對し其請求《そのせいきう》を受けたる裁判所に異議《いぎ》を申立つることを得

第十七條　前條の期間內《きかんない》ニ異議《いざ》の申立《まうしたて》あらす又は其申立を不當と爲す裁《さい》判確定《はんかくてい》したるときは裁判所《さいはんしよ》は民法財產《みんはふざいさんし》取得篇《とくへん》第三百四十六條の規定《きてい》に從ひて保存《ほぞん》せる供託所《きやうたくしよ》の金額領 收 證《きんがくりやうしゆうしよう》を請求者たる行政官廳《ぎやうせいくわんてふ》に交付《とうふ》す

可し

第五章　財産《ざいさん》の封印《ほういん》及ひ目録調製《もくろくちやうせい》の手續《てつゝき》

第十八條　財産《ざいさん》の封印《ほういん》は利害關係人《りがいかんけいにん》又は撿事《けんじ》の請求《せいきう》に因り其財産所在地《そのざいさんしよざいち》の區裁判所判事《はんじ》之を爲す

封印《ほういん》には官印《くはんいん》を用《もち》ゆ可し

第十九條　封印《ほういん》を爲す可き財産《ざいさん》か遠隔《ゑんかく》の地に在るときは區裁判所判事《くさいはんしよはんじ》は市町村長《しちやうそんちやう》に嘱託《そくたく》して封印を爲さしむることを得封印《ほういん》の除去《じよきよ》及ひ財産《ざいさん》の目録《もくろく》の調製《ちやうせい》に付ても亦同《またおな》し

嘱託《ぞくたく》を受けたる市町村長《しちようそんちやう》に付ても下數條《たじよう》の規定《きてい》を準用《じゆんよう》す

第二十條　封印《ほういん》は證人《しようにん》二人立會《たちあい》の上之を爲す可し

封印を請求《せいきう》したる者は其封印《そのほういん》に立會《たちあい》ふことを得

第二十一條　封印《ほういん》を爲したるときは直ちに調書を作り立會人之に署名捺印《しよめいなついん》す可し若し署名捺印《しよめいなついん》すること能はさるときは區裁判所判事《くさいはんしよはんじ》其事由《そのしゆ》を附記す可し

第二十二條　調書《ちやうしよ》には左の諸件《しよけん》を具備《ぐび》す可し

遠隔《トチクヘダヘル》
嘱託《タノミ》
署名捺印《ナヲカキテインヲチス》
具備《ソナハル》

理由《ワケ》
鎖鑰《カギ》
閉鎖《トヂル》

第一　封印《ほういん》を請求《せいきう》したる者の氏名職業《しめいしよくぎやう》及ひ住所《じうしよ》

第二　封印《ほういん》の理由《りゆ》

第三　封印《ほういん》を爲しさる場所《ばしよ》及ひ物

第二十三條　日用品其他《にちようひんそのた》封印《ほういん》を附せさる物あるときは之を調書《ちやうしよ》に略記《りやくき》す可し

第二十四條　封印《ほういん》を附《ふ》したる物に鎖鑰《しようりん》あるときは之を閉鎖《へいさ》して封印除去《ほういんじよきよ》に至るまで區裁判所書記課《くさいばんしよしよきか》其鑰《そのかぎ》を預《あづか》る可し

第二十五條　封印《ほういん》を終《をは》りたるときは其財産《そのざいさん》の保管人《ほかんにん》を命す可し但保管人《たゞしほかんにん》は成年者《せいねんしや》たることを要す

第二十六條　區裁判所判事《くさいばんしよはんじ》封印《ほういん》の請求《せいきう》を受けさるときは速《すみやか》に之を爲す可し若し後れたるときは其理由《そのりゆ》を調書《ちやうしよ》に記載《きさい》することを要す

第二十七條　封印の調書は判事と同伴したる書記《しよき》之を二通《につう》に作り其一通は區裁判所《くさいばんしよ》の書記課《しよきか》に保存《ほぞん》し他の一通は封印請求者又は保管人《ほかんにん》に交付《こうふ》し受領証《じやりようしよう》を取置《とりおく》くへし

第二十八條　何人《なんひと》に限らす區裁判所判事より封印の立會《たちあい》を求められたる

除《ノゾキ》去《サル》

者正當の理由《りゆ》なくして之を拒みまたは刑法第百七十九條に掲けたる刑に處す

第二十九條　封印《ほういん》の除去《じよきよ》を請求《せいきゆう》する權利《けんり》を有する者左の如し

第一　封印《ほういん》を請求《せいきゆう》する權利《けんり》を有する者

第二　財産《ざいさん》の管理《かんり》人《にん》

第三十條　封印の除去は豫め《あらかじ》其日時《そのにちじ》を定め既に知れたる利害關係人《りがいかんけいにん》及ひ財産《ざいさん》の管理《かんり》人《にん》に之を通知《つうち》すへし

通知《つうち》を受けて封印除去の異議《いぎ》を申立てす且除去に立會《たちあは》さる者は其除去を承諾《しようだく》しさるものと看做《みな》す

第三十一條　封印は一箇《いつこ》の物《もの》に付き之を除去し其目録《そのもくろく》を作り了《をは》りさる後に非されは次の物に付き之を除去《じよきよ》することを得す

第三十二條　封印の除去は封印を爲す時と同しく證人立會《しようにんたちあい》の上之を爲す可し

第三十三條　左に記載《きさい》したる者は封印《ほういん》の除去《じよきよ》に付き異議《いぎ》を申立ることを得

却下《シリゾケ》ラルヽ

變更《カハ》リ

第一　利害關係人《りがいかんけいにん》

第二　財産《さいさん》の管理人《かんりにん》

第三　檢事《けんじ》

第三十四條　封印を除却《しよきよ》したるときは第二十一條の規定《きてい》に從ひ直《たゞ》ちに其調書《ちやうしよ》を作る可し

第三十五條　調書《ちやうしよ》には左の諸件《しよけん》を具備《ぐび》すへし

第一　封印除去《ふういんしよきよ》の異議《いぎ》あらさりしこと又異議《またいぎ》ありたるときは其《その》異議申立の却下《きやくか》せられ又は之を取下《とりさ》けさること

第二　封印《ふういん》を爲したるより之を除去《しよきよ》するに至るまて其封印《そのふういん》に何等《なんとう》の變更《へんかう》を來さゝりしこと若《も》し變更《へんかう》を來せしときは其事情《そのじじやう》

㊟封印除去《ふういんしよきよ》の調書《ちやうしよ》には左の件々《けんけん》を記載《きさい》すへきものとす

一　封印《ふういん》を除去《しよきよ》するに付て故障《こしやう》を申立《もうしたて》る者あらさりしこと若し故障《こしやう》云ふ者ありしときは其申分相立《そのもうしぶんあいたゝ》すとて却下《きやくか》せらるゝか又は之を申立てたる者より取下《とりさ》けたること

二　封印《ふういん》しさるときより封印を除くときまて其封印に何事《なにごと》もな

かりしことを若し何にか變更《へんかう》ありしときは其事情《そのじじやう》

第三十六條　封印《ほういん》を爲し及ひ之を除去する費用《ひやう》は其財産《そのざいさん》の負擔《ふたん》とす

第三十七條　封印除去《ほういんじよきよ》の異議《いぎ》は其封印を爲したる區裁判所《くさいばんしよ》に之を申立つ可し

異議申立には申立人の關係《くわんけい》及ひ申立の理由《りゆ》を包含《ほうがん》す可し

第三十八條　異議を申立てたるときは其申立《そのもうしたて》の却下《きやくか》せられ又は之を取下《とりさ》けたる後に非されは封印の除去《じよきよ》を爲すことを得す

第三十九條　封印除去《ほういんじよきよ》の異議は其除去《そのじよきよ》に着手《ちやくし》したる後は之を爲すことを得す

第四十條　異議《いぎ》申立の裁判に對してれ不服《ふふく》を申立つることを得す

第四十一條　財産目錄は財産に封印《ほういん》あるときは其除去《そのじよきよ》の際公証人《さいこうしようにん》をして之を作らしむへし

第四十二條　財産目錄《ざいさんもくろく》は左乃各人《かくにん》を適法《てきはふ》に呼出《よびいだ》し區裁判所判事の面前《めんぜん》に於て之を作《つく》る可し

第一　知《し》れたる利害關係人《りがいくわんけいにん》

具備《ソナハル》

署名捺印《ナチカキ》 テインヲヨス

第二　財産《ざいさん》の管理人《くわんりにん》

第三　撿事《けんじ》

第四十三條　目録《もくろく》には左《さ》の諸件《しよけん》を具備《ぐび》すへし

第一　適法《てきはふ》に呼出《よびいだ》されたる人

第二　出席《しつせき》したる者及ひ闕席《けつせき》したる者

第三　各不動産《かくふどうさん》の形状《けいしやう》

第四　動産《どうさん》の種類《しゆるい》及ひ數量《すうりやう》

第五　證書類《しようしよるい》

第四十四條　財産目録《ざいさんもくろく》には立會《たちあひ》ひたる各人署名捺印《かくにんしよめいなついん》す可し

第四十五條　目録の調製《ちやうせい》に關《くわん》する費用《ひやう》は其財産《そのさいさん》の負擔《ふたん》とす

附録終

明治廿三年十一月十一日印刷
同　年十一月十二日出版

大阪市東區北久太郎町四丁目百二十四番屋敷
圖書出版會社名代人
編輯兼發行者　梅原忠藏

大阪市東區上難波南之町二十四番屋敷
印刷者　吉村武右衛門

大阪市東區北久太郎町四丁目百廿四番屋敷
發行所　圖書出版會社

圖書出版會社藏版甲部賣捌所

大阪市東區備後町四丁目　梅原龜七

同　東區備後町四丁目　吉岡平助

同　東區安土町四丁目　積善舘

同　東區北久太郎町四丁目　岡本仙助

同　東區北久寶寺町四丁目　濱本伊三郎

同　南區心齋橋北詰　中村芳松

同　東區淡路町三丁目　金川善兵衛

民法財産取得編人事編註釈　附　法例及諸法律
日本立法資料全集　別巻 1219

平成31年 3 月20日　　復刻版第 1 刷発行

著　者　柿　嵜　欽　吾
　　　　山　田　正　賢

発行者　今　井　　　貴
　　　　渡　辺　左　近

発行所　信　山　社　出　版
〒113-0033　東京都文京区本郷 6 - 2 - 9 -102
モンテベルデ第 2 東大正門前
電　話　03（3818）1019
F A X　03（3818）0344
郵便振替　00140-2-367777（信山社販売）

Printed in Japan.

制作／(株)信山社，印刷・製本／松澤印刷・日進堂

ISBN 978-4-7972-7336-6 C3332

別巻　巻数順一覧【950 ～ 981 巻】

巻数	書　名	編・著者	ISBN	本体価格
950	実地応用町村制質疑録	野田藤吉郎、國吉拓郎	ISBN978-4-7972-6656-6	22,000 円
951	市町村議員必携	川瀬周次、田中迪三	ISBN978-4-7972-6657-3	40,000 円
952	増補 町村制執務備考 全	増澤鐵、飯島篤雄	ISBN978-4-7972-6658-0	46,000 円
953	郡区町村編制法 府県会規則 地方税規則 三法綱論	小笠原美治	ISBN978-4-7972-6659-7	28,000 円
954	郡区町村編制 府県会規則 地方税規則 新法例纂 追加地方諸要則	柳澤武運三	ISBN978-4-7972-6660-3	21,000 円
955	地方革新講話	西内天行	ISBN978-4-7972-6921-5	40,000 円
956	市町村名辞典	杉野耕三郎	ISBN978-4-7972-6922-2	38,000 円
957	市町村吏員提要〔第三版〕	田邊好一	ISBN978-4-7972-6923-9	60,000 円
958	帝国市町村便覧	大西林五郎	ISBN978-4-7972-6924-6	57,000 円
959	最近検定 市町村名鑑 附 官国幣社 及 諸学校所在地一覧	藤澤衛彦、伊東順彦、増田穆、関惣右衛門	ISBN978-4-7972-6925-3	64,000 円
960	鼇頭対照 市町村制解釈 附 理由書 及 参考諸布達	伊藤寿	ISBN978-4-7972-6926-0	40,000 円
961	市町村制釈義 完　附 市町村制理由	水越成章	ISBN978-4-7972-6927-7	36,000 円
962	府県郡市町村 模範治績　附 耕地整理法 産業組合法 附属法令	荻野千之助	ISBN978-4-7972-6928-4	74,000 円
963	市町村大字読方名彙〔大正十四年度版〕	小川琢治	ISBN978-4-7972-6929-1	60,000 円
964	町村会議員選挙要覧	津田東璋	ISBN978-4-7972-6930-7	34,000 円
965	市制町村制 及 府県制　附 普通選挙法	法律研究会	ISBN978-4-7972-6931-4	30,000 円
966	市制町村制註釈 完　附 市制町村制理由〔明治21年初版〕	角田真平、山田正賢	ISBN978-4-7972-6932-1	46,000 円
967	市町村制詳解 全　附 市町村制理由	元田肇、加藤政之助、日鼻豊作	ISBN978-4-7972-6933-8	47,000 円
968	区町村会議要覧 全	阪田辨之助	ISBN978-4-7972-6934-5	28,000 円
969	実用 町村制市制事務提要	河邨貞山、島村文耕	ISBN978-4-7972-6935-2	46,000 円
970	新旧対照 市制町村制正文〔第三版〕	自治館編輯局	ISBN978-4-7972-6936-9	28,000 円
971	細密調査 市町村便覧(三府 四十三県 北海道 樺太 台湾 朝鮮 関東州)　附 分類官公衙公私学校銀行所在地一覧表	白山榮一郎、森田公美	ISBN978-4-7972-6937-6	88,000 円
972	正文 市制町村制 並 附属法規	法曹閣	ISBN978-4-7972-6938-3	21,000 円
973	台湾朝鮮関東州 全国市町村便覧 各学校所在地〔第一分冊〕	長谷川好太郎	ISBN978-4-7972-6939-0	58,000 円
974	台湾朝鮮関東州 全国市町村便覧 各学校所在地〔第二分冊〕	長谷川好太郎	ISBN978-4-7972-6940-6	58,000 円
975	合巻 佛蘭西邑法・和蘭邑法・皇国郡区町村編成法	箕作麟祥、大井憲太郎、神田孝平	ISBN978-4-7972-6941-3	28,000 円
976	自治之模範	江木翼	ISBN978-4-7972-6942-0	60,000 円
977	地方制度実例総覧〔明治36年初版〕	金田謙	ISBN978-4-7972-6943-7	48,000 円
978	市町村民 自治読本	武藤榮治郎	ISBN978-4-7972-6944-4	22,000 円
979	町村制詳解　附 市制及町村制理由	相澤富蔵	ISBN978-4-7972-6945-1	28,000 円
980	改正 市町村制 並 附属法規	楠綾雄	ISBN978-4-7972-6946-8	28,000 円
981	改正 市制 及 町村制〔訂正10版〕	山野金蔵	ISBN978-4-7972-6947-5	28,000 円